Marco Findling

W0063694

PETER BECK

SÜSSWASSER-AQUARISTIK

KOSMOS

Thema **Aquarium** 4

Die Planung 6
Der Standort 9
Die Einrichtung 10
Der Start 14

Thema **Wasser** 16

Die Wassertemperatur 18
Die Filterung 21
Filtermassen 23
Durchlüften 26
Solutionfinder Schnelle Hilfe bei
    Wasserproblemen 27
Die wichtigsten Wasserwerte 29
Nitrit 30
Wasserhärte 31
ph-Wert 33
Schwermetalle 34
Solutionfinder Wasserwerte
    korrigieren 35

Thema **Pflanzen** 36

Pflanzen richtig beleuchten 38
Pflanzenpflege 41
Pflanzen einsetzen 42
Düngung und CO_2 43
Solutionfinder Schnelle Hilfe bei
    Pflanzenproblemen 44
Pflanzen für das Aquarium 46

Thema **Fische** 56

Die Herkunft der Fische 58
Das Aquarium einfahren 60
Auswahl des Erstbesatzes 62
Fische einsetzen 63
Salmler 64
Karpfenfische 71
Welse 78
Killifische 81
Lebendgebärende 82
Labyrinthfische 85
Buntbarsche 88

▶ Thema **Fütterung** 96

Futter wie in der Natur 98
Fertigfutter 99
Lebendfutter 101
Futtertiere 101
Fütterungspraxis –
    wann, wie, wie oft? 104

▶ Thema **Gesundheit** 106

Vorbeugen ist besser 108
Wenn Fische krank sind 108
Voraussetzungen für gute
    Behandlungschancen 110
Häufige Fischkrankheiten 111
Solutionfinder Schnelle Hilfe bei
    Fischkrankheiten 114

▶ Service 116

▶ Impressum 118

▶ Zum Weiterlesen 119

▶ Adressen 119

▶ Internet 119

▶ Register 120

▶ **Die Planung**
6–9

▶ **Die Einrichtung**
10–13

▶ **Der Start**
14–15

Die Planung

Beste Beratung

Der erste Schritt zum schönen Aquarium
führt Sie in ein Zoofachgeschäft. Dort haben
Sie die Gewähr, dass Sie neben der Beratung
auch die richtige Ausstattung mit Garantie
und Gewährleistung sowie vollen Service
erhalten. Gesunde Fische und eine große
Auswahl an Wasserpflanzen finden Sie ebenfalls nur beim Spezialisten, dem Zoofachhändler.
Als Entscheidungshilfe im Gespräch mit
dem Fachmann Ihres Vertrauens und zum
ständigen Nachschlagen wird Ihnen dieses
Buch gute Dienste leisten.
Ein Wort zu den sogenannten guten „Ge-
legenheiten" und „gebrauchten" Aquarien:
Seien Sie hier berechtigterweise sehr kritisch
und misstrauisch, denn fehlerhaft gebaute
Aquarien ohne Garantie, mit schlechter
Technik oder veralteter Ausstattung können
den Vorbesitzer zur Aufgabe seines Hobbys
veranlasst haben. Auch das billigste Angebot
bei der Neuanschaffung ist ganz bestimmt
nicht immer das beste. Gehen Sie auf Num-
mer Sicher von Anfang an, dann haben Sie
garantiert mehr Freude am Aquarium.

Aquarientypen

KALTWASSERAQUARIUM Ein Aquarium, in
welchem man Goldfische aller Art oder einheimische Fische und Pflanzen bei Temperaturen von 15–21 °C pflegen kann, wird als
Kaltwasseraquarium bezeichnet.

WARMWASSERQUARIUM Möchte man dagegen Fische und Pflanzen aus tropischen und
subtropischen Gebieten pflegen, so muss
man für artgerechte Temperaturen über 22 °C
sorgen. Diesen Aquarientyp nennt man
Warmwasseraquarium.

MEERWASSERAQUARIUM Fische, Niedere Tiere und Pflanzen aus den kalten und warmen
Meeren pflegt man bei entsprechenden Temperaturen und richtiger Salzkonzentration im
sogenannten Meerwasseraquarium.

BRACKWASSERAQUARIUM Eine Möglichkeit,
Fische aus Deltabiotopen (Flussmündungs-
gebieten) mit Mischwasser zu pflegen, bietet
das Brackwasseraquarium (halb Süß-, halb
Seewasser).

Ein idealer Lebensraum für Aquarienfische und -pflanzen.

Welches Aquarium?

Wählen Sie Ihr Aquarium so groß wie nur eben möglich. Die Erfahrung zeigt, dass größere Becken (ab 80 cm Länge) nicht nur attraktiver, sondern auch biologisch und chemisch stabiler und somit einfach zu warten und pflegeleichter sind. Außerdem lassen größere Becken eine noch schönere Dekoration und reichere Fischauswahl zu.

SO BITTE NICHT Urgroßmutters rundes Goldfischglas ist passé! Aus Unkenntnis wurde den Fischen zugemutet, in einem völlig unzureichenden, sauerstoffarmen Lebensraum qualvoll dahinzuvegetieren. Zu oft musste durch ein schnelles Veralgen und Verschmutzen des Glases ein Totalwasserwechsel mit dem damit verbundenen Kälteschock für die Fische durchgeführt werden. Diese Art von Aquaristik ist weder für den Pfleger noch für die Fische eine erfreuliche Angelegenheit!

SO SOLL ES SEIN Moderne Technik macht es möglich, dass der Zoofachhandel formschöne, sichere Aquarien mit Garantie, TÜV- und GS-Zeichen versehen anbieten kann. Aquarien mit korrosionsfesten Zierrahmen oder rahmenlos gibt es in verschiedenem Design und passend für jeden Wohnstil. Dies gilt auch für Aquarienmöbel, Schränke und Gestelle.

IDEALMASSE Die idealen Längenmaße sind: 60 cm, 80 cm, 100 cm, 130 cm oder 160 cm. Für diese Typen gibt es im Zoofachhandel die passenden pflanzenfreundlichen Spezialleuchtstoffröhren.

Je tiefer ein Aquarium ist, um so schöner wirkt die Dekoration auf den Betrachter. Die Höhe des Behälters beeinflusst die Glasstärke (je höher das Aquarium, um so dicker müssen die Scheiben sein). Außerdem benötigt man mit zunehmender Höhe mehr Licht. Wenn Sie sich besonders große Fische als Pfleglinge wünschen, kann Ihr Zoofachhändler sicherlich auch ein größeres Aquarium nach Ihren Wünschen anfertigen lassen.

INFO

Das Aquarium in der Mietwohnung
Die Haltung von Zierfischen in einer
Mietwohnung ist nach dem deutschen
Einheits-Mietvertrag ausdrücklich erlaubt.
Wohnt man zur Miete oder Untermiete, so
kann man sich mit einem Zusatz zur nor-
malen Haftpflichtversicherung auch gegen
Schäden aus dem Betrieb eines Aquari-
ums gegenüber Dritten versichern lassen.

Steine geben dem Becken Struktur.

Wassertrübungen können dadurch auftreten. Um Temperaturschwankungen zu vermeiden, sollte man das Aquarium auch nicht in Heizkörpernähe aufstellen. Gut geeignet sind fensterlose Wände oder Ecken einer Wohnung. Ideal steht das Becken gegenüber einer Sitzecke oder direkt in sie integriert.

ATTRAKTIVER BLICKFANG Kleinere Becken finden ihren Platz leicht auf Schreibtischen, Konsolen, Wandregalen oder auch in einer Schrankwand. Wer viel Platz hat, wird sehr schnell das Aquarium als idealen Raumteiler entdecken. Auch direkt in eine Wand eingebaut, vermittelt es Ruhe, Beschaulichkeit und die Romantik der Tropen; es wird damit automatisch zum lebendigen, leuchtenden Blickfang der Wohnung. Ein bisher ungenutzter Platz ist gerade richtig, um „Leben" in den Raum zu bringen.

BODENBELASTUNG Zu beachten ist die Belastbarkeit des Fußbodens oder des Mauerwerks, auf dem die Last des Beckens ruht. Das Gewicht eines Aquariums lässt sich leicht ermitteln: 1 l Wasser wiegt 1 kg. Hinzu rechnet man noch das Gewicht des Beckens und des Unterschrankes bzw. Gestells. Das spezifische Gewicht des Bodengrundes und des Dekorationsmaterials liegt nur unwesentlich höher als das des Wassers; deshalb kann man davon ausgehen, dass ein 100 l fassendes Aquarium mit Inhalt ca. 115 kg wiegt. Die Belastbarkeit von Holzböden in Altbauten beträgt in der Regel 150 kg/m≈ und bei Neubauten (Estrich auf Beton) ca. 450 bis 500 kg/m≈. Die genauen Werte können Sie bei Ihrem Vermieter oder Architekten erfragen. Keine Angst vor dem Gewicht, denn ein gut gefüllter Bücherschrank wiegt meist mehr als ein Aquarium mit normalen Dimensionen.

Der Standort

Nahezu jeder Wohnraum kann durch ein Aquarium noch wohnlicher gemacht werden. Für die Aufstellung nicht geeignet sind Fensterplätze. Die direkte Sonneneinstrahlung führt mit Sicherheit zu Temperaturerhöhungen und unerwünschter Algenbildung. Auch

Die Einrichtung

Das Aquarium aufstellen

Hat man sich für den endgültigen Standort des Aquariums entschieden, wird der Schrank, das Gestell oder die Trägerkonstruktion auf ihren unverrückbaren und ebenen Stand hin überprüft. Mit einer Wasserwaage werden Unebenheiten schnell erkannt und können mit „Unterlegern" aus Metall ausgeglichen werden. Bei weichem Estrich oder empfindlichen Teppichböden empfiehlt es sich in jedem Fall, mit diesen Untersetzern zu arbeiten.

STROMANSCHLUSS Unmittelbar am Standort des Aquariums wird für ausreichenden Stromanschluss gesorgt. Drei Anschlüsse reichen meist für Filter, Heizung und Licht aus.

UNTERLAGE Damit das Becken sicher, erschütterungsfrei und bodenisoliert steht, sollte man eine spezielle Isomatte oder Styroporplatte von 0,5 bis 1 cm Stärke mit den Maßen der Aquarienbodenfläche als Unterlage für das Becken verwenden. Filz und Schaumstoff sind ungeeignet. Sie verändern sich in der Form und saugen Nässe auf. Vor dem Aufstellen wird das Aquarium innen und außen mit warmem Wasser gesäubert (kein Spülmittel verwenden), gut abgetrocknet und nach dem Aufstellen mit der Wasserwaage ausgerichtet.

Die Rückwand gestalten

Der Blick durch das Becken auf eine noch so schöne und teure Tapete wird das Gesamtbild des Aquariums ganz sicher nur stören. Eine Aquarienrückwand vermittelt dem Betrachter das Gefühl größerer Tiefe und lässt die Dekoration erst zum optischen Blickfang werden.

Realistisch wie im natürlichen Biotop wirkt diese Aquarienrückwand aus Kunststoff.

FOTORÜCKWAND Der Zoofachhandel hat hübsche Fotorückwände mit unterschiedlichen Motiven und auch tiefgezogene Plastikrückwände im Angebot – für jeden Geschmack und in allen Größen.

KORKRÜCKWAND Glatte Korkrindenstücke, auf einen Rahmen montiert, sehen hinter dem Aquarium ebenfalls sehr attraktiv aus. Eine Korkrückwand im Aquarium bringt durch ihren Auftrieb und die Abgabe von Gerbstoffen in das Wasser einige Probleme mit sich. Geschickten Bastlern gelingt es aber sicherlich, auch Korkeiche im Wasser zu stabilisieren. Gegen die Gerbsäure kann man sich mit mehrmaligem Wasserwechsel oder mit dem Einsatz von Filterkohle helfen.

STEIN ODER HOLZ Andere Aquarianer gestalten die Rückwand mit natürlichen Elementen wie Steinplatten und geeignetem Holz (Moorkienholz oder rustikale Wurzelstücke). Unbedingt verhindern, dass Fische hinter die Rückwand geraten! Ist der richtige Platz gefunden, muss für einen sicheren Stand der Deko-Elemente gesorgt werden. Jegliche schwere Dekoration muss durch Unterlegen von genügend großen Styroporplatten vor dem Unterwühltwerden, Umfallen und Verschieben gesichert werden.

WÄRMEISOLIERUNG Steht das Aquarium in einem kühleren Raum, so werden die beiden Seitenwände aus Gründen der Wärmeisolierung (Stromersparnis) von außen mit einer Styroporplatte isoliert, die mit einer Fotorückwand beklebt werden kann. Wie auch immer Sie sich entscheiden – die Rück- und Seitenwände sollten nie zu unruhig wirken.

RAUMTEILER Aquarien, die als Raumteiler eingesetzt werden, sind von beiden Seiten einzusehen. Deshalb wird in der Mitte des Beckens die Dekoration mit Pflanzen, Wurzeln und Steinen so eingebracht, dass sie nach allen Seiten hin gleich dekorativ wirkt.

Der Bodengrund

Erstrebt man ein Aquarium mit gutem Pflanzenwuchs, so muss der Bodengrund kalkfrei
sein. Die Körnung sollte 3 bis 5 mm betragen
und weder scharfkantig noch zu hell sein,
sonst fühlen sich die Fische nicht wohl.
Der Aquarienkies wird sauber gewaschen.
Die halbe Kiesmenge wird mit einem eisenhaltigen Langzeit-Bodendünger vermischt
und 5–7 cm hoch nach hinten ansteigend
ins Becken gegeben. Der restliche Kies wird
gleichmäßig darüber verteilt.

Der Bodengrund darf nicht scharfkantig sein.

Die Dekoration

Jedem Aquarianer ergeht es gleich: Die meiste Freude bereiten das Einrichten und Gestalten des Aquariums. Hier sollten Sie Ihrer Phantasie freien Lauf lassen. Eine Dekorationsskizze erleichtert Ihnen den Kauf von geeignetem Material.

BIOTOP Aber wie soll man ein Aquarium gestalten? Kann ein natürlicher Biotop nachempfunden werden? Wer je natürliche Biotope gesehen hat, der wird ganz schnell erkennen, dass man kaum alle Gegebenheiten des

Originallebensraumes von Fischen und Pflanzen auf den engen Raum eines Aquariums übertragen kann oder auch will.

VERHALTEN BERÜCKSICHTIGEN Dennoch kann man die Erkenntnisse aus Naturbeobachtungen nutzbringend anwenden. Gleich aus welchen Ländern die Fische stammen, sie verhalten sich meist ähnlich. Die einen bevorzugen Verstecke zwischen Steinen und Wurzeln und suchen ihre Nahrung in diesem Bereich. Andere Arten halten sich zwischen Pflanzen und Wurzeln auf. Wieder andere lieben es, sich im freien Wasser zu tummeln. Etwas Gemeinsames haben aber alle Fische: Bei einer vermeintlichen Gefahr suchen sie sofort nach einer guten Deckung.

Richten Sie Ihr Aquarium also mit Steinen, Wurzeln, Pflanzen, mit Höhlen und Versteckplätzen ein und vergessen Sie dabei auf keinen Fall, einen freien Schwimmraum zu belassen.

KALKFREIES GESTEIN Geeignet sind Basalt, Granit, Lava, Schiefer und Steinholz. Andere Gesteinsarten sollen keinen Kalk und keine mineralischen Einschlüsse enthalten. Wollen Sie sichergehen, dass das Gestein kalkfrei ist, so können Sie 10- bis 20%ige Salzsäure vorsichtig auftropfen. Schäumt der Stein, so enthält er Kalk und ist nicht für das Aquarium geeignet.

GEEIGNETES HOLZ Mooreiche, Wurzeln oder Korkrinde finden ebenfalls gern Verwendung. Frisches Holz aus dem Wald ist völlig ungeeignet – es fault und hat zuviel Auftrieb.

SÄUBERN Jegliches Dekorationsmaterial muss vor dem Einbringen in das Aquarium gut gesäubert werden. Holz und Korkrinde färben und säuern das Wasser sehr stark an, deshalb sollte man diese Teile einige Tage vorwässern.

Der Start

Bevor man das Wasser in das Becken ein-
füllt, werden die technischen Geräte installiert. Nähere Einzelheiten hierzu erfahren
Sie im nächsten Kapitel.

WASSER EINFÜLLEN Beim Einfüllen des Wassers muß man darauf achten, dass weder der
Bodengrund noch die Pflanzen hochgewirbelt
werden. Am besten lässt man das Wasser
durch ein Sieb oder eine Gießkannenbrause
laufen.

Zur Erstfüllung muss temperiertes Wasser
verwendet werden. Grundsätzlich sollte man
vor der Erstfüllung und auch vor weiteren
Füllungen das Wasser ca. 5 Minuten aus der

Moorkienwurzeln: nicht nur Dekoration. Ihre Zellulose und der Aufwuchs werden von Saugwelsen gefressen.

Leitung ablaufen lassen, damit so wenig wie möglich vom unbrauchbaren Rohrstandwasser ins Aquarium gelangt.

WASSERWECHSEL Der regelmäßige Teilwasserwechsel kann mit kaltem Wasser durchgeführt werden. Es ist falsch, wenn nur verdunstetes Wasser nachgefüllt wird. Sowohl die Härte als auch der Schadstoffgehalt erhöhen sich langsam aber sicher, und schnell treten Schäden an den Pfleglingen auf. Beim Teilwasserwechsel Wasseraufbereitungsmittel und Starterbakterien nicht vergessen!

TECHNIK IN BETRIEB NEHMEN Nach dem Einschalten des Heizers, des Filters und der Beleuchtung muss die Funktion der einzelnen Geräte überprüft werden. Beleuchtet wird von Anfang an 12 bis 13 Stunden täglich. In Tropenaquarien darf die Wassertemperatur nicht unter 23 °C fallen. Deshalb in der Anlaufphase regelmäßig mit dem Thermometer die Temperatur kontrollieren.

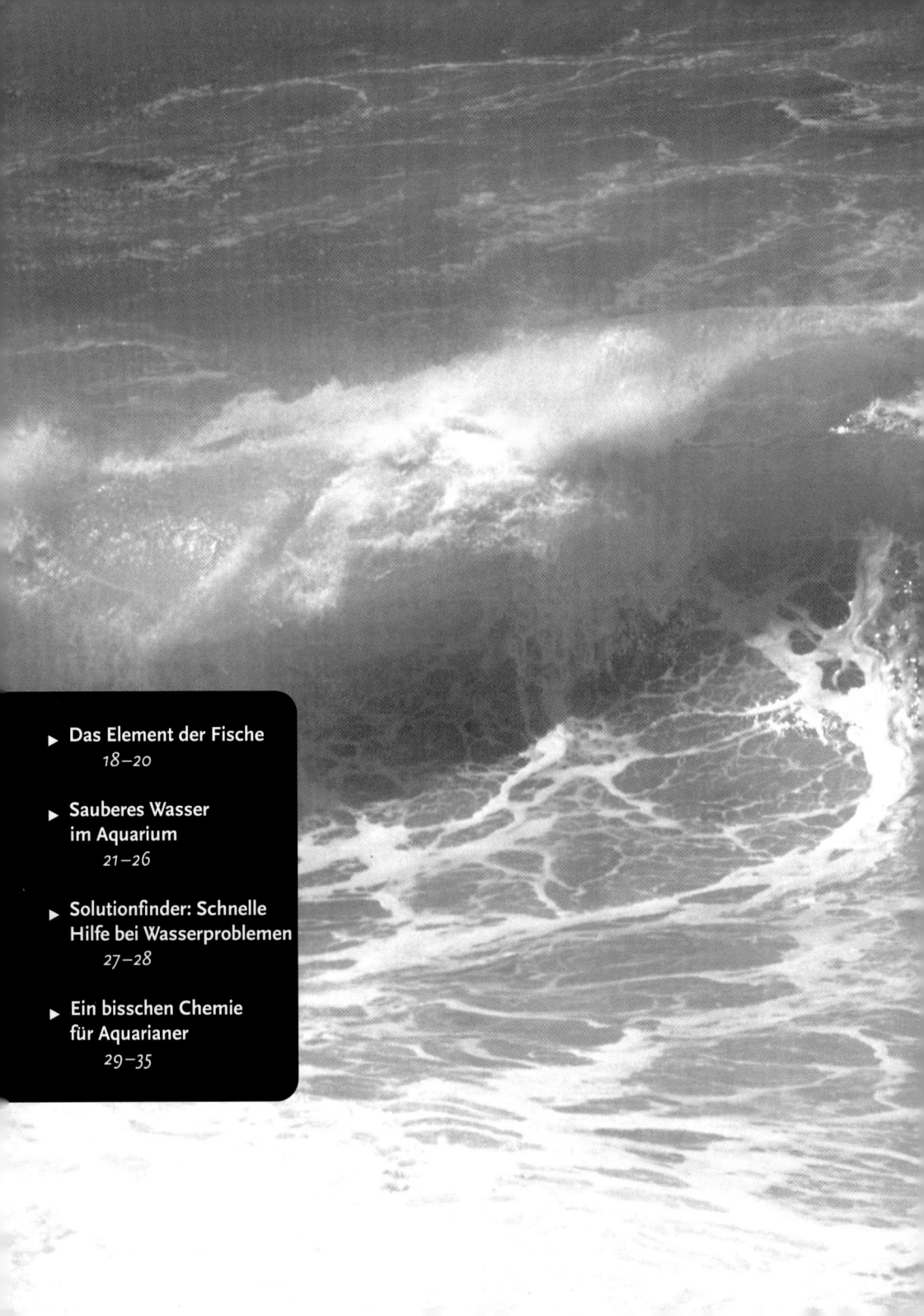

▶ **Das Element der Fische**
  18–20

▶ **Sauberes Wasser
  im Aquarium**
  21–26

▶ **Solutionfinder: Schnelle
  Hilfe bei Wasserproblemen**
  27–28

▶ **Ein bisschen Chemie
  für Aquarianer**
  29–35

Die Wassertemperatur

Will man einheimische oder Gold- und Gartenteichfische im Aquarium pflegen, so benötigt man keine Heizung. Bei Zimmertemperaturen von 17–21 °C fühlen sich diese Fischarten am wohlsten. Bei einigen Goldfischarten (Schleierschwänze und ihre Zuchtformen), die aus Hongkong, Singapur und Thailand stammen, empfiehlt es sich bereits, mittels Aquarienheizer für wohltemperiertes Aquarienwasser von 20–22 °C zu sorgen. Fische tropischer Herkunft benötigen in jedem Fall Wassertemperaturen von durchschnittlich 24–26 °C, um gesund und munter zu bleiben. Einige Fischarten, z.B. Diskusfische, benötigen jedoch Temperaturen, welche bei etwa 28–30 °C liegen sollten. Die geforderten Temperaturen lassen sich mit den im Zoofachhandel angebotenen Heizsystemen und Thermometern jederzeit erreichen und auch konstant halten.

Regelheizer

Das meistverwendete Gerät ist der thermostatgesteuerte Regelheizer in Stabform. Heizstäbe ohne Regler sind ungeeignet, weil das Wasser entweder zu warm oder zu kalt wird.
HEIZLEISTUNG Man wählt Wattstärken, welche sich nach dem Beckenvolumen richten. Sind Zimmertemperaturen um 20 °C oder darüber die Regel, so wird 1/2 Watt Heizleistung je Liter Aquarienwasser empfohlen, für ein 100-Liter-Aquarium demzufolge ein 50-Watt-Heizer.
Bei Raumtemperaturen, die um 15–20 °C liegen, verwendet man 0,75 Watt je Liter. Werden auf Dauer Temperaturen über 26 °C benötigt, so kann man 1 Watt Heizstärke pro Liter Wasser empfehlen.

Zum Wohlbefinden gehören tropische Wassertemperaturen: Puntius tetrazona z.B. brauchen 24–26 °C.

HANDHABUNG Die Heizstäbe werden nach Gebrauchsanweisung angebracht; auf keinen Fall sollte man sie mit Kies bedecken oder mit Dekorationsmaterial belasten. Dies würde zum Bruch des Gerätes führen. Beim Wasserwechsel (ganz oder teilweise) immer den Netzstecker herausziehen!

Fische brauchen naturnahe Lebensbedingungen.

Heizkabel

Beim Einsatz von Heizstäben kann es zu unerwünschten Temperaturdifferenzen zwischen dem Bodengrund und den verschiedenen Wasserzonen kommen. Manche Wasserpflanzen reagieren darauf mit Wachstumsstörungen. Deshalb werden im Zoofachhandel Heizsysteme angeboten, welche den Bodengrund mit in den Warmwasserkreislauf einbeziehen. Diese Kombi-Heizsysteme bestehen aus elektronisch gesteuerten Regelgeräten und Heizkabeln. Diese Geräte sind zweckmäßiger, genauer und auch sicherer als Regelheizer. Wasser- und Bodentemperatur sind geringfügig unterschiedlich, so dass durch die Thermik eine leichte Wasserzirkulation entsteht, die die Wasserpflanzen mit frischem Wasser, CO_2 und Nährstoffen versorgt.

HANDHABUNG Beim Einsatz von Heizkabeln ist darauf zu achten, dass der Bodengrund durchlässig bleibt. Bei Torfplatten und feinem Sand als Bodengrund entsteht ein Wärmestau, welcher nicht nur das Heizsystem wirkungslos werden lässt, sondern auch zum Bruch der Bodenscheibe führen kann.

Thermofilter

Praktisch sind auch sog. Thermofilter, die das Aquarienwasser filtern und gleichzeitig thermostatgesteuert erwärmen.
Egal für welches System Sie sich entscheiden: Die Geräte müssen so angebracht werden, dass sie jederzeit problemlos auf ihre Funktion hin überprüft werden können.

Klares, gesundes Wasser ist wichtig für die Fischpflege (Tanichtys albonubes).

Temperatur und Sauerstoff

Die Temperatur des Aquarienwassers richtet sich immer nach den Lebensansprüchen der Pfleglinge. Im Kaltwasseraquarium sollte die Temperatur 24 °C nicht übersteigen. Für das Warmwasseraquarium wählt man eine durchschnittliche Wassertemperatur von 24–26 °C Steigen die Temperaturen z.B. im Hochsommer über 30 °C, so zeigen einige Fische Unbehagen. Andere Arten, z.B. Diskusfische oder Labyrinthfische, vertragen Temperaturen bis 34 °C problemlos. Je höher die Wassertemperatur im Aquarium, um so weniger Sauerstoff ist im Wasser für die Fische und andere Organismen verfügbar, weil kaltes Wasser mehr Sauerstoff aufnehmen kann als warmes.

Thermometer

Im Zoofachhandel sind Spezialthermometer erhältlich, welche meist nur eine Abweichung von 1 °C zulassen. Quecksilberthermometer sind ungeeignet, denn bei einem Zerbrechen des Thermometers gelangt giftiges Quecksilber ins Wasser.
Flüssigkristallthermometer werden außen am Aquarium angebracht. Sie haben aber den Nachteil, dass sie auch die Raumtemperatur in das Messergebnis mit einbeziehen. Als zweckmäßig hat sich die Kombination von Bodensteckthermometer und fixierbarem Schwimmthermometer erwiesen.

Aquarium sinnvoll lösen? Soll man filtern, durchlüften oder beides zusammen? Ein Filter gehört heute zur selbstverständlichen Ausrüstung. Er ist zur optisch-physikalischen Wasserklärung, aber auch für eine biologisch-chemische Veränderung bzw. Wasseraufbereitung nötig.

Filter und Sauerstoff

Die Sauerstoffversorgung im Aquarium ist außerordentlich wichtig. Ohne Sauerstoff ist nicht nur menschliches, sondern auch tierisches und pflanzliches Leben unmöglich. Filterung und Sauerstoffversorgung hängen unmittelbar zusammen. Im Aquarium sind das Wachstum, die Vitalität und die Gesundheit aller Individuen sauerstoffabhängig. Deshalb sind die Sauerstoffwerte von elementarer Bedeutung.

SAUERSTOFFABHÄNGIG Der biologische Abbau von Schadstoffen ist ebenfalls sauerstoffabhängig. Der Wasserchemismus und die Qualität des Bodengrundes werden von der vorhandenen Sauerstoffmenge bestimmt. Die Verfügbarkeit von Mikronährstoffen für Wasserpflanzen, wie z.B. Spurenelementen (Eisen, Mangan etc.), wird ebenfalls vom Sauerstoff beeinflusst.

TECHNISCHE MÖGLICHKEITEN Es genügt also nicht, das Wasser nur optisch rein zu halten, sondern es muss auch für ausreichend Sauerstoff gesorgt werden. Moderne Filtersysteme helfen sehr gut, diese Problematik zu meistern. Die Anforderungen an die Leistung eines Filters sind mit den modernen Erkenntnissen über die Funktionalität eines Aquariums gestiegen. Die Größe des Filters (das Filtervolumen) ist dabei sowohl vom Fisch- und Pflanzenbesatz als auch von der Beckengröße abhängig.

Die Filterung

Der verständliche Wunsch eines jeden Aquarianers ist es, ein Aquarium mit optisch klarem, sauberen Wasser zu besitzen. Deshalb stellt sich die Frage: Wie kann dieser wünschenswerte Zustand erreicht werden? Wie kann man das Problem der Wasserverschmutzung und des Sauerstoffmangels im

Sauerstoffmangel

Eine Sauerstoffunterversorgung (O_2-Zehrung) kann im Aquarium auftreten durch

▸ zu wenig Pflanzen

▸ Fischatmung (Überbesatz),

▸ Abbau von organischem Material (Futterreste, Kot und abgestorbene Lebewesen),

▸ sauerstoffzehrende chemische Stoffe wie Heilmittel und andere Zusätze,

▸ Sauerstoffaufnahme durch die Pflanzen während der Nacht,

▸ Mikroorganismen bei der Nitrifizierung und

▸ Oxidationsvorgänge im Filter und im Bodengrund.

Filtergröße

Welcher Filter oder welches System für Sie das richtige ist, ist auch vom Fischbesatz und der zu reinigenden Wassermenge abhängig. Als Faustregel wird empfohlen: Filterleistung und Filtervolumen so wählen, dass stündlich mindestens 80 % des Aquarienwassers umgewälzt wird. Ihr Zoofachhändler wird Sie auch hier optimal beraten.

Schaumstoff-Innenfilter

Zuchtbecken und Aquarien bis zu 80 Liter Inhalt kann man gut mit den luftbetriebenen Schaumstoff-Innenfiltern mechanisch und auch biologisch filtern. Sie klären das Wasser, indem sie Mulm und Schmutzteilchen binden. Durch die im Schaumstoff in großer Menge siedelnden nützlichen Bakterienkolonien werden Schadstoffe abgebaut. Durch die Sogwirkung und Wasseroberflächenbewegung kommt es zu einer gleichmäßigen Wärmeverteilung und zu einem guten Gasaustausch. Als luftbetriebene Innenfilter werden leider noch hin und wieder kleine Platikbehälter mit einem viel zu kurzen Auslaufrohr angeboten. Diese Geräte sind für jegliche Aquarien völlig ungeeignet.

Motorfilter

Von überzeugender Leistung, guter Bedienbarkeit, geräuschloser modernster Technik, schönem Design und geringem Stromverbrauch sind die motorbetriebenen Innen- und Außenfilter für Aquarien von 50 Litern an aufwärts. Mit diesen modernen Filtern gelingt es sehr gut, das Wasser optisch klar zu halten und auch noch optimal aufzubereiten. Wechselweise kann bei diesen Filtern verschiedenes Filtermaterial eingesetzt werden.

Pflanzen tragen zu optimalen Sauerstoffverhältnissen bei.

Filtermassen

MECHANISCHE FILTERUNG Mechanisch wirkende Filtermassen sind Filterwatte, verschiedenes Vorfiltermaterial, sog. Tropfkörper und Tonröhrchen. Sie halten feine und grobe Schmutz- und Schwebeteilchen fest. Das gleiche gilt für Spezialschaumstoffe. Gelöste Stoffe passieren aber dieses Filtermaterial und können weiter das Wasser belasten. Deshalb muss zur mechanischen Filterung noch die biologisch/chemische und bakterielle Wasseraufbereitung kommen.

Besonders zur Zucht müssen die Wasserverhältnisse stimmen (Microgeophagus ramirezi).

BIOLOGISCHE FILTERUNG Darunter versteht man die Hilfestellung aerober Bakterien beim Schadstoff- und Stickstoffabbau. Durch die günstige Struktur des Filtermaterials können sich im und auf dem Schaumstoff, dem Tropfkörper, den Tonröhrchen oder anderen Langzeit-Filtermaterialien Bakterien gut festsetzen, vermehren und das Wasser positiv beeinflussen.

FILTER REINIGEN Verschmutztes Feinfiltermaterial (z.B. Filterwatte) muss man regelmäßig austauschen. Nie alles zugleich entfernen, sondern schrittweise austauschen, damit ein Teil der nützlichen Bakterien erhalten bleibt. Bakterienzugabe nicht vergessen.

CHEMISCHE FILTERMASSEN Diese können dem Wasser auch mechanisch Schmutz und Schwebeteilchen in fester Form entnehmen. Der Zweck ihres Einsatzes besteht aber darin, Wasser in seinem Chemismus zu verändern. So werden z.B. Austauscherharze zur Wasserenthärtung und zum Stickstoffabbau eingesetzt. Werden chemische Filtermassen verwendet, so muss das Aquarienwasser fort-

während überwacht werden, damit man unerwünschte Reaktionen sofort erkennen kann. Die dazu benötigten Messreagenzien sind in jedem guten Zoofachgeschäft erhältlich.

TORF Filtertorf filtert mechanisch und chemisch. Hauptsächlich wird guter Torf zum Absenken der Karbonathärte und zum Ansäuern des Wassers verwendet. Die im Filtertorf enthaltenen Humin- und Gerbsäuren beeinflussen das Aquarienwasser positiv. Den Filtertorf darf man aber nur so lange im Filter lassen, bis die gewünschten Wasserwerte erreicht sind!

AQUARIENKOHLE Eine spezielle Filterung über Aquarienkohle ist immer dann angebracht, wenn medikamentöse Rückstände, ein starker Gelbstich oder Trübungen aus dem Wasser entfernt werden sollen. Nach dem erfolgreichen Abschluss einer Algen- oder Parasitenbehandlung sollte man grundsätzlich Aquarienkohle einsetzen. Farbstoffe von Medikamenten, zuviel Humin- und Gerbstoffe sowie mancherlei Trübungen werden mühelos von der Aktivkohle absorbiert. Die genannten Stoffe werden aber nur kurzfristig gebunden. Deshalb ist die Filterkohle spätestens nach 36 Stunden wieder aus dem Filterkreislauf zu entfernen.

Kreiselpumpen

Solche motorbetriebenen Schnellfilter setzt man in Spezialaquarien (z.B. Seewasser) und überall dort ein, wo eine besonders starke Wasserbewegung erwünscht oder notwendig ist. Diese Geräte zeichnen sich durch eine hohe Förderleistung, niedrigen Stromverbrauch und gute Handhabung aus. Sie eignen sich nicht nur zur Schnellreinigung, sondern auch als Notaggregat und zum Betreiben großvolumiger Bio- und Außenfilter.

INFO

Starterbakterien

Alle Filtersysteme benötigen, um das Wasser wie erwünscht aufbereiten zu können, Einlaufzeiten von ein bis zwei Wochen. Deshalb gibt es im Zoofachhandel Starterbakterienpräparate, welche die Aktivierung beschleunigen und den Filter sofort wirkungsvoll arbeiten lassen.

Gesundes Wasser ist die Grundvoraussetzung für gesunde Fische im Aquarium.

Durchlüften

Ob und wann es sinnvoll ist, zusätzlich zum Filter auch noch eine Durchlüftung (Pumpe und Ausströmerstein) zu installieren, wird durch die vorgenannten Kriterien und natürlich auch vom Rhythmus der Wartungshäufigkeit bestimmt.

WANN BELÜFTEN? In einem funktionierenden, gut bepflanzten und mäßig mit Fischen besetzten Aquarium kommt man während des Tages gut ohne Ausströmer aus. Wird dem Aquarium CO_2 zugeführt, sollte tagsüber auf eine Durchlüftung verzichtet werden. Nachts kann es nötig werden, für eine Durchlüftung zu sorgen, weil dann die Pflanzen kein CO_2 verbrauchen. Mit dem Ausströmer wird dann Kohlensäure aus dem Wasser ausgetrieben und Sauerstoff (O_2) mit der Luft zugeführt.

Diesen Vorgang kann man gut zusammen mit der Aquarienbeleuchtung über eine Zeitschaltuhr steuern. Mit dem automatischen Ausschalten der Beleuchtung wird die Durchlüfterpumpe zugeschaltet. Am nächsten Morgen läuft der Vorgang entgegengesetzt ab.

HANDHABUNG Die Durchlüfterpumpe muss oberhalb des Wasserspiegelniveaus installiert oder mit einem Rückschlagventil ausgerüstet werden, damit evtl. zurücklaufendes Wasser keinen Schaden anrichten kann. Gute Durchlüfterpumpen gibt es mit unterschiedlicher Luftleistung für alle luftbetriebenen Filtersysteme, Mulmsauger und den gleichzeitigen Betrieb mehrerer Ausströmer. *Artemia*-Zuchtgeräte können ebenfalls in den Luftkreislauf integriert werden.

▸ PROBLEM	▸ URSACHE	▸ MASSNAHMEN
Schnecken sterben	unverträgliche Wasserzusätze	Wasserwerte prüfen (pH über 6, KH über 3)
	kupferhaltige Medikamente im Wasser	Schnecken vor Medikamenten-zugaben in separaten Behälter setzen Teilwasserwechsel Aquarienkohle
Schmierige, blauschimmernde Algenteppiche auf Scheiben, Dekomaterial, Bodengrund	Blaualgen	Algenteppiche absaugen
	zu viele Fische Überfütterung Überdüngung hohe Nitrat- und Phosphatwerte	weniger füttern, sehr gutes Futter verwenden Beleuchtung (Dauer und Licht-farbe) überprüfen Teilwasserwechsel und teilweiser Austausch des Filter-materials
	zu wenig Wasserpflanzen	mehr Pflanzen einbringen
Bodengrund schwarzbraun, faulig riechende Blasen steigen auf, Pflanzen faulen vom Boden her	falsche Bodengrundzusammen-setzung zu hohe Bodengrundschicht, faulende Zusätze wie Torfplatten oder Erde	Bodengrund austauschen, max. 7 cm hoch auffüllen richtige Körnung wählen (3-5 mm) Bodengrunddünger verwenden

▶ PROBLEM	▶ URSACHE	▶ MASSNAHME
Wasser wird trüb (grau oder grün)	Massenbefall mit Infusorien	Einsatz einer UV-Lampe
	Massenbefall mit grünen Schwebealgen (Volvox)	Einsatz einer UV-Lampe
	abgestorbene Fische oder Schnecken aufgewirbelter oder gärender Bodengrund Überfütterung überlastetes Filtermaterial	Filtermaterial tauschen evlt. Filterkohle zugeben Spezialpräparate zur Wasserklärung aus dem Zoofachhandel
Graue, schmierige Haut auf der Wasseroberfläche	Bakterien durch zu wenig Oberflächenwasserbewegung	Teilwasserwechsel und Frischwasserzusatz Oberflächenabsauger Filterauslauf halb über, halb unter die Wasseroberfläche legen
Wasser riecht muffig/faulig	faulender Bodengrund	Bodengrund austauschen regelmäßig Mulm absaugen
	zu wenige Wasserwechsel	häufigere Wasserwechsel
	altes Filtermaterial	Filtermaterial austauschen
Graue oder braune Beläge auf Scheiben und Pflanzen	Schmieralgenbildung	Beläge mit Scheibenreiniger entfernen Lampen und Wasserverhältnisse prüfen algenfressende Fische einsetzen
Graue, harte Beläge auf der Deckscheibe	Kalkablagerung, besonders bei hohen KH-Werten	mit Essig reinigen KH-Werte überprüfen und korrigieren

Schwarz- und Weißwasser (Zusammenfluss von Rio Negro und Rio Solimoes) sind unterschiedlich; daher muss das Aquarienwasser den Bedürfnissen der Pfleglinge entsprechen.

Die wichtigsten Wasserwerte

Weder tropischen Gewässern noch klarem Leitungswasser sieht man es äußerlich an, welche chemischen und organischen Stoffe sie enthalten. Alle Gewässer, ob tropischer Fluss, Bach, Tümpel, See oder auch einheimische Gewässertypen, werden von Ort zu Ort verschieden sein. Alle Stoffe, welche von der umgebenden Materie an das Wasser abgegeben werden, beeinflussen in hohem Maße nicht nur die empfindlichen Organe der Fische, wie Schleimhaut und Kiemen, sondern auch Zell- und Lebensfunktionen der

Fische, Mikroorganismen und Pflanzen. Auch der Fischlaich wird von den Inhaltsstoffen des Wassers positiv oder negativ beeinflusst.
Deshalb ist es besonders wichtig, das Aquarienwasser fisch- und pflanzengerecht aufzubereiten. Leitungswasser, wie wir es in Deutschland dem Wasserhahn entnehmen, ist als Trinkwasser und als Aquarienwasser meist gut geeignet. Leitungsrohre aus Blei, Kupfer oder Zink können jedoch das Wasser negativ beeinflussen.

Gesamthärte-Stufen

0-7 °dGH	weich
8-14 dGH	mittelhart
15-21 °dGH	hart
über 21 °dGH	sehr hart

Nitrit

Organische Substanzen im Aquarienwasser (Ausscheidungen der Fische, Futterreste, abgestorbene Pflanzen) zersetzen sich im Wasser zu Ammonium und Ammoniak, das durch Bakterien (*Nitrosomonas* und *Nitro-*

Dekomaterialien - z.B. kalkhaltige Steine - können die Wasserwerte beeinflussen.

bakter) zu Nitrat (NO_3) abgebaut wird. Dabei entsteht als Zwischenstufe giftiges Nitrit (NO_2). Nach der Neueinrichung eines Aquariums sind diese nitrifizierenden Bakterien noch nicht in ausreichender Menge vorhanden. Sogenannte Starterbakterien, die im Zoofachhandel erhältlich sind, beschleunigen den Aufbau der nützlichen Bakterienkolonien. Fische dürfen erst dann eingesetzt werden, wenn der Nitrittest kein Nitrit mehr nachweisen kann. Das anfallende Nitrat wird beim regelmäßigen Teilwasserwechsel entfernt; der Gehalt sollte möglichst unter 40 mg/l liegen.

Wasserhärte

Jeder hat schon in unterschiedlichen Zusammenhängen von der Wasserhärte gehört. Auch für Aquarienfische und -pflanzen ist sie von Bedeutung.

GESAMTHÄRTE Die Gesamthärte (GH) wird durch den Gehalt an Kalzium- und Magnesiumsalzen („Härtebildner") bestimmt und kann mit einem GH-Test aus dem Zoofachhandel gemessen werden.

Ein Grad deutscher Härte (°dGH) entspricht 10 mg Kalziumoxid je Liter Wasser; Wasser mit 30 °dGH (solche Werte kommen in manchen Orten der Bundesrepublik vor) enthält

Bei der Diskus-Pflege müssen die Wasserwerte besonders genau eingestellt werden.

also 300 mg Härtebildner je Liter Wasser. Die meisten Aquarienfische kommen aus Gewässern, die man als Weichwasser bezeichnet. Unser Leitungswasser enthält für sie meist zu viele Härtebildner, zusätzlich kann Dekomaterial Härtebildner an das Wasser abgeben. Zu hohe Gesamthärtewerte müssen dann durch die Zugabe von Wasser aus Vollentsalzungs- oder Umkehrosmoseanlagen gesenkt werden.

Geeignete GH-Werte liegen um 3 °dGH, denn die Gesamthörte beeinflusst sehr stark die Gesundheit der Fische (Kondition und Stoff-

wechsel, Nerven- und Enzymaktivität, Sekelett und Zellaufbau und die Fortpflanzungsbereitschaft).

KARBONATHÄRTE Für das Wohlbefinden der Fische und Pflanzen ist neben der Gesamthärte die Karbonathärte (KH) - besser Säurebindungskapazität (SBK) genannt - äußerst wichtig. Die Karbonathärte ist die Summe des gesamten im Wasser gelösten Hydrogenkarbonats (auch Bikarbonat genannt). Die Bikarbonate wirken als pH-Puffer im Wasser. Das heißt, die Karbonathärte verhindert durch ihr Vorhandensein ein Absinken des

Wasserwerte überwachen

▶ Messreagenzien zur Überwachung aller Wasserwerte sind im Zoofachhandel erhältlich (für Sauerstoff, pH, GH, KH, Nitrit, Nitrat, Ammonium, Eisen, Kupfer). Leitwert, pH und CO_2 lassen sich auch elektronisch messen.

▶ Um exakte Messergebnisse zu erhalten, ist es wichtig, genau nach Gebrauchsanweisung vorzugehen und vor allem die Tropfflaschen stets senkrecht zu halten. Die Chemikalien dürfen nicht überaltert sein. Sicherheitshinweise beachten!

▶ Man sollte mindestens einmal monatlich die Wasserwerte testen und die Ergebnisse protokollieren.

pH-Wertes hin zum Säuresturz. Das soll aber nicht heißen, dass hohe KH-Werte im Aquarium anzustreben sind, denn je höher die Karbonathärte, desto höher ist auch das pH-Niveau. Zudem wird der KH-Wert auch durch Kohlendioxid, Säuren und biogene Entkalkung beeinflusst.

Im Aquarium ist möglichst eine Karbonathärte von 2–8 °KH anzustreben. Dies ist durch Austauschersysteme, durch Filtern über Aktivtorf und mit speziellen Wasserzusätzen zu erreichen.

pH-Wert

Der Gehalt an Säuren und Basen bestimmt den pH-Wert des Wassers. Ein pH-Wert von 7 wird als neutral bezeichnet, pH-Werte unter 7 bezeichnet man als sauer (azidischer Bereich), solche über 7 als alkalisch (basisch). Je nach Art reagieren Fische, Pflanzen und Mikroorganismen auf zunehmende Säure oder Alkalinität negativ. Extremwerte, z.B. unter pH 5 oder über pH 8,5, können tödlich wirken. Man sollte deshalb immer pH-stabiles, fischfreundliches, auf die Bedürfnisse der gepflegten Arten abgestimmtes Wasser anstreben.

CO_2-Dauertest

Mit dem sogenannten CO_2-Dauertest lässt sich das Milieu im Aquarium auf einen Blick überwachen. Nach der Inbetriebnahme wird anfangs der pH-Wert gemessen, nach ca. einer halben Stunde wird der CO_2-Status angezeigt: grün = optimal. gelb = pH zu niedrig, zu viel CO_2 (Gefahr für die Fische, Säuresturz!). Blau = pH zu hoch, zu wenig CO_2. Bei einem Mangel an Kohlendioxid wachsen die Pflanzen nicht mehr richtig und produzieren zu wenig Sauerstoff.

Der CO_2-Dauertest ist ein
idealer Alarmtest in Hin-
blick auf pH-Wert, CO_2-
Gehalt und Karbonathärte.

Schwermetalle

Meist wird das Aquarienwasser der Wasser-
leitung entnommen. Bei der Neueinrichtung,
aber auch beim unumgänglichen Teilwasserwechsel (1/3 des Wassers, alle 14 Tage bis
drei Wochen) müssen Sie daher einen weiteren Aspekt der Wasserpflege beachten:
Fische und Pflanzen sind in ihren Heimatgewässern Schwermetallen und anderen
belastenden Stoffen nur in sehr geringem
Umfang ausgesetzt. Leitungswasser enthält
jedoch meist durch Kupfer-, Eisen-, Blei oder
auch verzinkte Wasserleitungsrohre eine
hohe und für Fische und Pflanzen gesund-
heitsschädigende Menge dieser Schwer-
metallionen. Auch die Chlorzugaben der
Wasserwerke sind für Zierfische genauso
schädlich wie andere, durch Umweltbelas-
tung eingespülte Substanzen.

WASSERAUFBEREITUNG Einen zuverlässigen
Schutz vor Schäden an Fischen und Pflanzen
bietet die Zugabe von einem sogenannten
Fischwasserzusatz (Wasseraufbereitungs-
mittel). Schadstoffe werden neutralisiert, die
Kiemen und empfindliche Schleimhäute der
Fische werden geschützt. Leitungswasser
wird so zum brauchbaren Aquarienwasser.

▶ PROBLEM	▶ URSACHE	▶ MASSNAHME
Wasser ist zu sauer	zu wenig KH zu viele Säurebildner zu viel CO_2 Säuresturz	ph-Wert und CO_2-Gehalt über-prüfen Teilwasserwechsel Wasser über Korallen-/Meer-sand oder Marmorsplitt filtern (Pufferwirkung) stark durchlüften
Wasser ist zu alkalisch	zu viele Härtebildner kalkhaltiges Dekomaterial kalkhaltiger Bodengrund Ausgangswasser zu hart	KH laufend messen Teilwasserwechsel mit vollent-salztem Wasser (Wert bis auf 3° senken) über Filtertorf filtern
Wasser ist zu weich	zu wenig KH	Teilwasserwechsel mit KH-haltigem Wasser Filterung über Korallen-/Meer-sand oder Marmorsplitt pH-Puffersubstanzen zugeben
Wasser ist zu hart	Ausgangswasser zu hart kalkhaltiges Dekomaterial	Teilwasserwechsel mit vollent-salztem Wasser Enthärtungssystem zuschalten über Filtertorf filtern

▶ **Pflanzen richtig beleuchten**
 38–40

▶ **Pflanzenpflege**
 41–43

▶ **Solutionfinder: Schnelle Hilfe bei Pflanzenproblemen**
 44–45

▶ **Pflanzen für das Aquarium**
 46–55

Wie im Tropenbiotop können Echinodoren in offenen Aquarien blühen.

Gut bepflanzte Aquarien, in welchen sich lebhafte und gesunde Fische tummeln, faszinieren und ziehen viele Menschen beinahe magisch an. Solche Aquarien zeichnen sich nicht nur durch ihre Schönheit aus, sondern sie funktionieren auch besser als andere. Doch Wasserpflanzen sind mehr als nur prächtige Dekoration. Wann immer der Fischbesatz es zulässt, sollten Sie daher auf Wasserpflanzen im Aquarium nicht verzichten.

Pflanzen richtig beleuchten

Ohne ausreichendes Licht ist ein üppiger Pflanzenwuchs im Aquarium nicht möglich. Mag man sich gegen diese wissenschaftlich erwiesene Tatsache auch wehren – der Erfolg oder Misserfolg bei der Wasserpflanzenpflege wird jeden Aquarianer sehr schnell von der Richtigkeit dieser Erkenntnis überzeugen. Tropische Lichtmengen können wir den Wasserpflanzen nicht bieten, aber mit den neuen Lichtquellen aus dem Zoofachhandel gelingt es meist, sich seinen eigenen Urwald hinter Glas zu schaffen. Glühbirnen, die Lichtquellen früherer Zeiten, scheiden heute wegen zu hoher Energiekosten und auch zu großer Wärmeabgabe aus. Als zusätzliche Spotleuchten kann man sie, wenn besondere Lichteffekte erwünscht sind, mit Spezialreflektoren verwenden. Leuchtstoffröhren, HQI- und HQL-Lampen ersetzen heute im Aquarium den Tropentag.

Zwiebelpflanzen sind empfindlich, deshalb vor dem Pflanzen säubern und vor dem Einsetzen vorsichtig mit Filterwatte umwickeln (Crinum thaianum).

CHECKLISTE

Biolgische Aufgaben der Pflanzen

- Wasserpflanzen reduzieren giftige Schadstoffverbindungen.

- Sie produzieren lebensnotwendigen Sauerstoff für Fische, Pflanzen und Mikroorganismen.

- Sie stabilisieren das Milieu im Aquarium und wirken biologisch äußerst wertvoll.

- Verschiedene Pflanzen haben eine entgiftende und entkeimende Wirkung, selbst Algen werden in Pflanzenbecken an ihrer Ausbreitung gehindert.

- Sie dienen den Fischen als Nahrung, Versteck, Laichsubstrat und Reviergrenze.

Die Lampen

Leider sind die meisten Aquarien „unterbelichtet". Wählen Sie nach Möglichkeit eine Ab-deckung mit mehreren Leuchtstofflampen. Optimal beleuchtet sind Aquarien, wenn man folgende Regeln zugrunde legt.

FAUSTREGEL Pro Liter Wasserinhalt benötigt man 0,4 bis 0,7 Watt oder, wenn diese Berechnung zu umständlich erscheint, pro 10 cm Wasserhöhe (die Bodengrundschicht wird abgezogen) eine Röhre, und zwar in voller Beckenlänge. Für ein Becken mit 100 cm Länge, 50 cm Tiefe und 40 cm Höhe (200 Liter) benötigt man also mindestens drei Röhren à 30 Watt.

LICHTFARBEN Dabei kann man durch die Kombination unterschiedlicher Lichtfarben beste Wuchsbedingungen für die Pflanzen schaffen: Man kombiniert Kalttonlampen mit

Oben offene Aquarien werden am besten mit hängenden Speziallampen beleuchtet.

einem hohen Blauanteil (beeinflusst das Breitenwachstum) mit Warmtonlampen mit hohem Rotanteil (fördert das Längenwachstum). Ist in der Abdeckung nur Platz für eine Röhre, so sollten Sie eine Warmtonröhre wählen.

Um die volle Lichtmenge auch zu nutzen, müssen die Abdeckscheiben immer sauber sein. In neueren Abdeckungen ist für eine gute Reflexion des Lichtes gesorgt. Bei alten Abdeckungen empfiehlt es sich, nachträglich Reflektoren einzubauen.

Röhrenwechsel

Lichtverluste treten durch zu stark gefärbtes Aquarienwasser (zu hoher Gerbstoffanteil) und durch das Nachlassen der Leuchtintensität der Röhren auf (bereits nach 6 bis 8 Monaten). Sauberes Wasser, saubere Abdeckscheiben und ein regelmäßiger Röhrenwechsel (nach 8 bis 10 Monaten im Abstand von 3 Tagen die Röhren auswechseln) lassen die Pflanzen gut gedeihen.

Beleuchtungsdauer

Manche Aquarianer glauben, dass man fehlende Lampen durch eine längere Beleuchtungsdauer von 16 Stunden täglich und mehr ausgleichen kann. Der Tropentag lehrt uns aber, die richtige Beleuchtungsdauer von 12 bis 13 Stunden täglich einzuhalten!

Spezialbeleuchtungen möglich. Für ein Becken von 100 cm Länge benötigt man ein Beleuchtungselement mit 125 Watt oder zwei HQL-Lampen mit 80 Watt oder eine HQI-Lampe mit 150 Watt.

Pflanzenpflege

Damit die Wasserpflanzen üppig wachsen und gut gedeihen, muss man ihnen all das bieten, was ihnen in der Natur immer und in ausreichendem Maße zur Verfügung steht. Viel Licht, Nährstoffe, Spurenelemente, nahrhafter Bodengrund und CO_2 (Kohlendioxid) sind die Voraussetzungen für ein gesundes Pflanzenleben.

Fehlt auch nur eine dieser Komponenten oder treten Mängel bei der Versorgung auf, reagieren die Pflanzen mit sichtbaren Wachstumsstörungen. Sie können nicht mehr richtig assimilieren, das heißt, mit Lichtenergie aus Wasser und CO_2 organische Substanz (Pflanzenmasse) erzeugen. Bei diesem Prozess wird von den Pflanzen außerdem aktiv Sauerstoff produziert. Ohne Licht, also nachts, werden die Pflanzen selbst in geringem Maße zu Sauerstoffverbrauchern. Bei optimalen Wachstumsbedingungen produzieren gesunde Pflanzen aber während des Tages weit mehr Sauerstoff, als sie nachts selbst wieder verbrauchen.

Offene Aquarien

Aquarien ohne Deckscheiben erfreuen sich zunehmender Beliebtheit. In solchen Becken gelingt es Schwimm- und Sumpfpflanzen, aus dem Aquarium herauszuwachsen und auch zu blühen. Dies wird durch den Einsatz von HQI- und HQL-Lampen sowie anderer

Basisdüngung

Viele Wasserpflanzen entnehmen ihre Nähr- und Wuchsstoffe nicht nur mit den Blättern aus dem Wasser, sonder überwiegend mit den Wurzeln aus dem Bodengrund. Zu diesen Arten gehören *Echinodorus* (Amazonasschwertpflanzen), *Crinum* (Hakenlilien),

Pflanzen einsetzen

Um eine prächtige Unterwasserland-
schaft zu erhalten, gilt es noch einige Regeln zu beachten:

- Neu gekaufte Pflanzen von anhaf-
tendem Schmutz, faulenden Blättern, Schneckenlaich und Algen säubern.

- Angefaulte Stiele einkürzen.

- Bei Pflanzen mit braunen und
dicken Wurzelballen schneidet man
die Wurzeln vor dem Einpflanzen bis
auf wenige Zentimeter zurück. Es
sollten jedoch so viele Restwurzeln
verbleiben, dass sie noch zur Veran-
kerung im Boden dienen können.

- Das Einsetzen in den aufbereiteten
Bodengrund soll möglichst sorgfältig geschehen, damit die empfindlichen Stängel- und Blattstiele nicht
verletzt werden.

- Knollen, Zwiebeln und Rhizome von
entsprechenden Pflanzen werden
nie ganz mit Aquarienkies bedeckt.

- Dichtlaubige und langblättrige Arten
verwendet man als Hintergrund und
Seitenbepflanzung.

- Halbhohe und attraktive Solitär-
pflanzen beleben den Mittelgrund.

- Klein bleibende und Rasen bildende
Pflanzen verschönern den Vordergrund des Aquariums.

Unter optimalen Bedingungen entsteht ein Urwald
hinter Glas.

Aponogeton (Wasserähren), Cryptocorynen
(Wasserkelche) und alle Seerosenartigen,
hauptsächlich also solche Arten, die an ihren
Heimatstandorten wechselndem Wasser-
stand ausgesetzt sind.
Man verwendet bei der Einrichtung des
Aquariums deshalb einen stabilen Nährstoff-
träger, z.B. guten eisenhaltigen Bodengrund-
dünger. Diese Basisdüngung in Granulatform
enthält alles, was die Wasserpflanzen
schneller anwachsen lässt, die Wurzelbildung
fördert und die Pflanzen von Grund auf richtig ernährt.

Bodengrund

Völlig ungeeignet als Bodengrund sind direkt aus der Natur entnommene Materialien wie Schlamm, Flusssand, Lehm, Torf oder gar sogenannte Teich- oder Gartenerde. Bei gut eingerichteten und gepflegten Aquarien braucht man den Bodengrund erst nach mehreren Jahren zu erneuern.

Wasserwechsel

Wasserpflanzen benötigen zum Gedeihen nicht nur Nährstoffe aus dem Bodengrund. Sie entziehen dem Wasser auch über ihre Blätter alle lebenswichtigen Nährstoffe. Durch Futterreste und die Ausscheidungen der Fische entstehen im Wasser Stickstoffverbindungen in großer Menge, die aber von den Pflanzen nur zum geringen Teil verbraucht werden. Das Zuviel an Stickstoff und Phosphor ist in hohem Maße algenwuchsfördernd und kann zu fischschädigenden Konzentrationen ansteigen. Um diese Gift- und Schafstoffmengen zu vermindern, ist ein regelmäßiger Teilwasserwechsel von 1/4 des Beckeninhaltes alle 14 Tage bis drei Wochen angeraten. (Lieber öfter kleine Mengen Wasser wechseln, als selten einen Totalwasserwechsel durchführen.)

Düngung und CO_2

Außer Stickstoffverbindungen werden von den Wasserpflanzen noch weitere Nährstoffe und Spurenelemente benötigt. In den Aquarien entsteht sehr schnell ein Mangel an diesen Stoffen. Deshalb fügt man regelmäßig nach dem Wasserwechsel dem Aquarienwasser einen Spezialdünger zu. Mit dieser Düngung werden die fehlenden Wuchs- und Nährstoffe ausreichend zugeführt. Neben den Nährstoffen wird auch noch CO_2 (Kohlendioxid) in gasförmiger Form von den Pflanzen aufgenommen. Der Zoofachhandel bietet einfach zu bedienende Dosiersysteme für jeden Aquarientyp an.

Erstbepflanzung

Eine dichte Erstbepflanzung mit schnellwüchsigen Arten wie Wistarien, Sagittarien und Vallisnerien lässt das Aquarium schneller „funktionieren", und Algen kommen gar nicht erst auf. Nach etwa vier Monaten kann man dann anfangen auszulichten und die eine oder andere Pflanze je nach Gefallen gegen eine andere auszutauschen.

▶ PROBLEM	▶ URSACHE	▶ MASSNAHME
Pflanzen haben Löcher	Fraßstellen durch Fische und Schnecken	Verursacher ermitteln und Fische oder Pflanzen austauschen
	Mangelerscheinungen	Pflanzendünger wechseln Nitrat- und Phosphatwerte durch Teilwasserwechsel senken
Pflanzen werden gelb, Wachstum stagniert	Nährstoffe fehlen oder sind falsch dosiert	gute Pflanzenpflegemittel und Dünger verwenden
	CO_2-Düngung ungenügend	CO_2-Düngung installieren oder CO_2-Menge erhöhen
	zu wenig Licht	Leuchtstoffröhren mit je 3 Tagen Abstand tauschen
Cryptocorynen faulen	Wasserschock Nitratüberschuss Bakterien	Teilwasserwechsel Frischwasserzusatz über Torf filtern
Blätter liegen auf dem Bodengrund, Pflanzen wachsen nicht nach oben	falsche Lichtfarbe	Lampe oder Röhre mit höherem Blauanteil einsetzen

▶ PROBLEM	▶ URSACHE	▶ MASSNAHME
Blätter und Stiele wachsen blass und gelb übermäßig in die Höhe	falsche Lichtfarbe zu geringe Beleuchtungsdauer	Lichtquelle mit mehr Rotanteil Beleuchtungszeit verlängern
	CO_2-Mangel	CO_2-Düngung installieren
	falsche oder mangelhafte Düngung	guten Wasserpflanzendünger verwenden
Schwimmpflanzen wachsen nicht und sterben ab	zu wenig Licht verschmutzte Deckscheibe	Schwitzwasser von Deckscheibe entfernen und Scheibe reinigen
	Abstand zwischen Deckscheibe und Wasserspiegel zu gering	offene Aquarien mit Hängelampen lassen Schwimmpflanzen besser gedeihen
	Bestand zu dicht	Bestand ausdünnen
Blattläuse auf über Wasser wachsenden Pflanzen	blattlausfreundliches Milieu	Blätter kurzfristig untertauchen Eierlegende Zahnkarpfen, Beilbauch- und Labyrinthfische als Blattlausfresser einsetzen niemals chemische Mittel einsetzen!

Zwerganubias
Anubias barteri var. angustifolia

HERKUNFT Westafrika.
HÖHE 10 bis 15 cm.
TEMPERATUR 22 bis 26 °C.
WASSER Weich bis mittelhart; Torffilterung.
SONSTIGES Robust, für Vordergrund und Seiten (Rhizom unbedeckt!) oder zum Begrünen von Steinen und Wurzeln (mit Perlonschnur aufbinden). Wächst langsam, aber gut. Auch für Barschbecken zu empfehlen.

Zwergspeerblatt
Anubias barteri var. nana

HERKUNFT Westafrika.
HÖHE 5 bis 10 cm.
TEMPERATUR 22 bis 26 °C.
WASSER Weich bis mittelhart.
SONSTIGES Wächst langsam, aber willig, bildet attraktive Horste. Für Vordergrund oder aufgebunden auf Wurzeln oder Steinen. Ideal für die Erstbepflanzung; auch für Paludarien und Feuchtterrarien geeignet.

Krause Wasserähre
Aponogeton crispus

HERKUNFT Südindien, Sri Lanka.
HÖHE 30 bis 50 cm.
TEMPERATUR 25 bis 30 °C.
WASSER Weich bis mittelhart.
SONSTIGES Für die Erstbepflanzung, gruppenweise in der Mitte oder solitär. Die Knollen treiben bald aus, wenn die Keimseite unbedeckt bleibt. Legt Vegetationspausen ein, treibt danach wieder aus. Knolle nach 2 bis 3 Ruhepausen für 6 bis 8 Wochen herausnehmen und kühl und luftig lagern.

Karolina-Fettblatt
Bacopa caroliniana

HERKUNFT Südöstliches Nordamerika.
HÖHE 20 bis 40 cm.
TEMPERATUR 20 bis 26 °C.
WASSER Weich bis mittelhart.
SONSTIGES Wuchsfreudige Pflanze für Mitte und Rand, in Gruppen zu 5 bis 10. Stängelenden etwas kürzen, auf 5 cm die Blätter entfernen, 4 cm tief einpflanzen. Zu lange Triebe können abgeknipst und eingepflanzt werden. Je heller die Pflanze steht, desto besser ist ihr Wuchs.

Heudelots Flussfarn
Bolbitis heudelotii

HERKUNFT Tropisches Afrika.
HÖHE 10 bis 30 cm.
TEMPERATUR 22 bis 28 °C.
WASSER Weich, pH 5 bis 6,9.
SONSTIGES Dekorativ auf Wurzelholz und Steinen. Wächst gerne in der Filterströmung. Eine attraktive Pflanze, die in jedem großen Becken begeistert.

Karolina-Haarnixe
Cabomba caroliniana

HERKUNFT Nordamerika.
HÖHE 30 bis 60 cm.
TEMPERATUR 23 bis 25 °C.
WASSER Weich bis hart, Torffilterung; regelmäßig Pflanzendünger und möglichst CO_2-
SONSTIGES Lichthungrig und schnell wüchsig. Gruppen von 10 bis 15 im Mittelgrund und an den Seiten . Erreichen die Triebe die Wasseroberfläche. einkürzen und neu stecken.

Gemeines Hornblatt
Ceratophyllum demersum

HERKUNFT Weltweit verbreitet.
HÖHE 40 bis 70 cm.
TEMPERATUR 22 bis 28 °C.
WASSER Mittelhart bis hart.
SONSTIGES Sehr wüchsiger und empfeh-
lenswerter Kosmopolit. Baut Schadstoffe
ab. Frei fluten lassen oder in kleinen Gruppen einsetzen; dient als Versteck, Laichsubstrat und Reviergrenze.

Sumatrafarn
Ceratopteris thalictroides

HERKUNFT Weltweit in den Tropen
verbreitet.
HÖHE 20 bis 50 cm.
TEMPERATUR 22 bis 28 °C.
WASSER Weich bis mittelhart.
SONSTIGES Wächst wurzelnd oder frei flu-
tend willig. Für Labyrinthfische als Halt für
das Schaumnest zu empfehlen. Vermehrt
sich durch Adventivpflanzen am Blattrand.
Für große Becken.

Haertels Wasserkelch
Cryptocoryne affinis

HERKUNFT Malaiische Halbinsel.
HÖHE 10 bis 40 cm.
TEMPERATUR 22 bis 26 °C.
WASSER Mittelhart.
SONSTIGES „Alte" Aquarienpflanze, für Seiten und Hintergrund. Dient z.B. Keilfleck-
barben als Laichsubstrat. Bildet viele Ausläufer. Kommt mit herkömmlicher Beleuchtung zurecht.

Beckets Wasserkelch
Cryptocoryne bekettii

HERKUNFT Sri Lanka.
HÖHE 10 bis 25 cm.
TEMPERATUR 22 bis 26 °C.
WASSER Weich bis mittelhart.
SONSTIGES Besonders schön vor hellgrünen Hintergrundpflanzen. Gut geeignet als Seitenbepflanzung oder als „Straße" in der Beckenmitte,

Gewellter Wasserkelch
Cryptocoryne undulata

HERKUNFT Sri Lanka.
HÖHE 10 bis 25 cm.
TEMPERATUR 22 bis 26 °C.
WASSER Weich bis mittelhart.
SONSTIGES Attraktive dunkelbraune, meist marmorierte Blätter. Kleine Gruppen vor hellgrünen Pflanzen. Vermehrung durch Ausläufer. Für die Beckenmitte und als Seitenbepflanzung.

Wendts Wasserkelch
Cryptocoryne wendtii

HERKUNFT Sri Lanka.
HÖHE 10 bis 30 cm.
TEMPERATUR 22 bis 26 °C.
WASSER Weich/mittel bis hart. Regelmäßige Teilwasserwechsel und eisenhaltiger Dünger. pH-Wert 5 bis 8.
SONSTIGES Im Gegensatz zu den meisten Cryptocorynen schon für die Erstbepflanzung geeignet. Treibt schnell Ausläufer.

Kleiner Wasserkelch
Cryptocoryne willisii

HERKUNFT Sri Lanka.
HÖHE 5 bis 15 cm.
TEMPERATUR 22 bis 26 °C.
WASSER Weich bis mittelhart.
SONSTIGES Kann als Vordergrundpflanze ganze Flächen rasenartig bedecken. Benötigt viel Licht.

Amazonas-Schwertpflanze
Echinordorus amazonicus

HERKUNFT Amazonas.
HÖHE Bis 50 cm.
TEMPERATUR 22 bis 26 °C.
WASSER Weich bis mittelhart.
SONSTIGES Aus dem Amazonas. Früher *E. brevipedicellatus*. Bei ausreichend Platz eine gutwüchsige Solitärpflanze. An den Blütenständen bilden sich Adventivpflanzen, die man abtrennen und einpflanzen kann, wenn sie Wurzeln haben.

Schwarze Amazonas
Echinordorus parviflorus

HERKUNFT Südamerika.
HÖHE 25 bis 30 cm.
TEMPERATUR 22 bis 28 °C.
WASSER Weich/mittel bis hart.
SONSTIGES Beliebte und sehr wuchsfreudige Art, für Mitte und Seiten vor hellgrünen Pflanzen. Nahrhafter Bodengrund und gute Düngung, regelmäßiger Teilwasserwechsel mit Wasseraufbereitungsmittel. Empfehlenswerte Sorte: „Tropica".

Argentinische Wasserpest
Egeria densa

HERKUNFT Argentinien.
HÖHE 40 bis 60 cm.
TEMPERATUR 10 bis 26 °C.
WASSER Weich bis hart.
SONSTIGES Schnellwüchsig, für Hintergrund, Seite oder Mitte vor hellgrünen Pflanzen. Gut zur Erstbepflanzung großer Becken. Stielenden etwas einkürzen, auf 5 cm entblättern und 4 cm tief pflanzen.

Brasilianischer Wassernabel
Hydrocothyle leucocephala

HERKUNFT Mittel- und Südamerika.
HÖHE 30 bis 50 cm.
TEMPERATUR 20 bis 28 °C.
WASSER Weich bis hart.
SONSTIGES Besonders schnellwüchsig und dekorativ. Verbessert die Wasserquaität, weil stickstoffzehrend. Zu lange Triebe einkürzen und neu setzen.

Riesenwasserfreund
Hygrophila corymbosa

HERKUNFT Südostasien.
HÖHE 25 bis 70 cm.
TEMPERATUR 22 bis 28 °C.
WASSER Mittelhart bis hart.
SONSTIGES Großblättrig und schnellwüchsig. Schön im Mittel- oder Hintergrund neben rotblättrigen Pflanzen. In Gruppen zu 5, unterschiedlich lang, 4 bis 5 cm tief pflanzen.

Indischer Wasserwedel
Hygrophila difformis

HERKUNFT Indien bis Malaya.
HÖHE 15 bis 50 cm.
TEMPERATUR 22 bis 28 °C.
WASSER Weich bis hart.
SONSTIGES Attraktiv, willig wachsend, mit hellgrünen Blattsternen. Im Mittel- oder Hintergrund oder an den Seiten in Gruppen von 5 bis 10 (unterschiedliche Länge) wurzellos einsetzen. Viel Licht, CO_2 und Wasserpflege.

Indischer Wasserfreund
Hygrophila polysperma

HERKUNFT Südostasien.
HÖHE 15 bis 50 cm.
TEMPERATUR 22 bis 28°C.
WASSER Weich bis hart.
SONSTIGES Schnellwüchsig, für Erstbepflanzung. Für Hintergrund, Seiten und Mitte; schön vor dunklen Pflanzen.

Brasilianische Graspflanze
Lilaeopsis brasiliensis

HERKUNFT Südliches Südamerika.
HÖHE 3 bis 6 cm.
TEMPERATUR 20 bis 26 °C.
WASSER Weich bis hart.
SONSTIGES Rasenartig wachsend, am schönsten vorn im Aquarium an der hellsten Stelle. Regelmäßig düngen.

Blütenstielloser Sumpffreund
Limnophila sessiliflora

HERKUNFT Südostasien.
HÖHE 40 bis 70 cm.
TEMPERATUR 20 bis 26 °C.
WASSER Weich bis mittelhart.
SONSTIGES Wächst gut; für Seiten und Hintergrund, schön neben dunklen oder roten Pflanzen. Viel Licht und regelmäßig düngen.

Javafarn
Microsorum pteropus

HERKUNFT Südostasien.
HÖHE 10 bis 30 cm.
TEMPERATUR 20 bis 28 °C.
WASSER Weich bis hart.
SONSTIGES Da die Wurzeln dieses Farns leicht faulen, wird er mit Angelsehne auf Holz, Steine oder Korkrinde aufgebunden. Vermehrung aus Rhizom und Blättern. Auch für Paludarien geeignet.

Rundblättrige Rotala
Rotala rotundifolia

HERKUNFT Südostasien.
HÖHE 40 bis 70 cm.
TEMPERATUR 24 bis 28 °C.
WASSER Weich bis mittelhart.
SONSTIGES Im Gegensatz zum Namen schmalblättrig und zart. Dekorativ zu 10 bis 15 im Mittelbereich neben rundblättrigen Pflanzen. Stecklingsvermehrung. Viel Licht, regelmäßig düngen.

Breitblättriges Pfeilkraut
Sagittaria platyphylla

HERKUNFT Nordamerika.
HÖHE 20 bis 30 cm.
TEMPERATUR 18 bis 28 °C.
WASSER Weich bis mittelhart.
SONSTIGES Gut für den Mittelgrund. Vor feingliedrigen oder großen rundblättrigen Pflanzen besonders attraktiv. Viel Licht, nährstoffreicher Boden für Ausläuferbildung nötig.

Kleines Flutendes Pfeilkraut
Sagittaria subulata

HERKUNFT Östliche USA, Südamerika.
HÖHE 5 bis 7 cm.
TEMPERATUR 18 bis 28 °C.
WASSER Mittelhart bis hart.
SONSTIGES Zierliche, rasenartige Vordergrundpflanze, schnellwüchsig und robust. Ausreichend Licht und nahrhafter Bodengrund begünstigen die Ausläuferbildung, so dass ein dichter Rasen entsteht. Erstbepflanzung 10 bis 15 Stück, Abstand 1 cm.

Mexikanisches Eichenblatt
Shinnersia rivularis

HERKUNFT Mittelamerika.
HÖHE 40 bis 70 cm.
TEMPERATUR 20 bis 28 °C.
WASSER Weich bis hart.
SONSTIGES Frohwüchsige Pflanze, daher regelmäßig auslichten und neu stecken. In großen Aquarien gut zur Erstbepflanzung.

Javamoos
Vesicularia dubyana

HERKUNFT Asien.
HÖHE Bildet dichte Polster.
TEMPERATUR 18 bis 28 °C.
WASSER Weich bis hart.
SONSTIGES Besiedelt Holz, Lavagestein, Korkrinde und sogar Styroporrückwände. Die Polster bieten Jungfischen ein sicheres Versteck. Wächst bei regelmäßigen Wasserwechseln willig zu dichten Büschen. Achtung, dass keine Algen das Wachstum des Javamooses schädigen!

Sumpfschraube
Vallisneria spiralis

HERKUNFT Tropen und Subtropen.
HÖHE 50 bis 100 cm.
TEMPERATUR 20 bis 28 °C.
WASSER Mittelhart bis hart.
SONSTIGES Wuchsfreudig, gehört zu den beliebtesten Aquarienpflanzen. Für Hintergrund und Seiten. Wurzeln auf 3 cm kürzen, senkrecht einpflanzen! Der Blattansatz bleibt unbedeckt. Nährstoffreicher Boden für schnelle Ausläuferbildung.

► **Die Bewohner der Unterwasserwelt**
58–59

► **Leben kommt ins Aquarium**
60–63

► **Fische im Porträt**
64–95

Die Herkunft der Fische

Nachzuchten

Sobald man vor den Aquarien eines gut sortierten Zoofachgeschäftes steht und auf das muntere Treiben buntschillernder Fische blickt, drängt sich jedem interessierten Menschen die Frage auf, woher diese Pracht kommt. Die Antwort lautet: Über 85 % der angebotenen Aquarienfische stammen aus in- und ausländischen Zierfischzüchtereien und von privaten Züchtern. In deren Aquarien werden auch Fischarten nachgezüchtet, welche in ihren Ursprungsländern schon ausgestorben sind. Hauptexportländer tropischer Zierfischnachzuchten sind Hongkong, Singapur, Thailand, die USA, Japan und Israel (Teichfische) sowie Tschechien.

Wildfänge

Etwa 15 % der angebotenen Arten werden noch aus ihren Ursprungsländern exportiert. Per Luftfracht kommen die Tiere, in Spezialwärmekartons verpackt, auf dem schnellsten Weg nach Europa und Übersee. Es bleibt zu hoffen, dass durch wissenschaftliche Erkenntnisse noch mehr Zierfische nachgezüchtet werden können, damit die Entnahme aus der Natur auf ein Minimum beschränkt bleibt.

REGENZEITEN Manche Arten werden nur saisonal im Handel angeboten. Dies liegt an den Regen- bzw. Monsunzeiten in den Tropen. Bei Hochwasser steigen manche Flüsse um mehr als 5 m bis zu 15 m über normal. Während des Hochwassers können keine Zierfische gefangen werden. In der Trockenzeit bei Niedrigwasser dagegen stehen die Fische im Restwasser dicht an dicht. Nicht

Thailändische Gewässer beherbergen begeisternde Fische und Pflanzen.

Nur noch wenige Fischarten werden während der Trockenzeit der Natur entnommen.

nur fischfressende Greifvögel finden einen reich gedeckten Tisch, sondern auch alle Arten von Raubfischen leben im Überfluss, bis sie selbst durch das Austrocknen des Gewässers umkommen. Nur diejenigen Fische können überleben, welche in den großen Flüssen und tieferen Wasseransammlungen verblieben sind.

EINGRIFF IN DIE NATUR Eines ist sicher: Durch den Fang von Zierfischen ist noch keine Fischart ausgerottet worden. Solange keine akute Umweltzerstörung geschieht, Giftstoffeinleitungen, Gewässerbegradigungen, Industrieansiedlungen oder das Abholzen des Urwaldes oder Eingriffe in den Wasserhaushalt ganzer Regionen durchgeführt

werden, wird der Fischreichtum in Übersee der Aquaristik wegen nicht wesentlich abnehmen. Im Gegenteil: Viele Länder der Dritten Welt haben den volkswirtschaftlichen Aspekt der Zierfischzucht erkannt und bauen diese noch weiter aus. Südostasien ist ein treffendes Beispiel dafür. Dort werden neben einheimischen auch südamerikanische Fische und Wasserpflanzen erfolgreich vermehrt. Z.B. die beliebten südamerikanischen Neonfische werden heute überwiegend aus Hongkong, Singapur und Tschechien importiert. Selbst Arten, die als sehr schwer züchtbar gelten, wie z.B. Diskusfische, Haibarben, Prachtschmerlen und Feuerschwänze, werden dort mit Erfolg nachgezüchtet.

Das Aquarium einfahren

Etwas Geduld muss sein

Gönnen Sie dem neu eingerichteten Aquarium zunächst Ruhe und Zeit, um sich zu stabilisieren. Keinesfalls sollte man sofort nach dem Einfüllen des Wassers schon Fische einsetzen. Das Wasser ist zu diesem Zeitpunkt weder klar noch biologisch „eingefahren". Die Pflanzen sind noch nicht angewurzelt und der Filter benötigt, um voll wirksam zu arbeiten, noch einige Tage. Weit wichtiger ist aber die Tatsache, dass noch keinerlei Mikroorganismen vorhanden sind, um anfallende Stickstoffverbindungen abzubauen. Die Folge: Hohe Nitritwerte können sehr schnell das Leben der Fische gefährden.

Wasserwerte für den Erstbesatz	
Nitrit (NO_2)	0 mg/l
Nitrat (NO_3)	unter 40 mg/l
Sauerstoff (O_2)	über 80 %
Eisen (Fe)	0,1 mg/l
Phosphat (PO_4)	unter 0,1 mg/l
Kohlensäure (CO_2)	bis 10 mg/l

Starthilfe

Mit Produkten aus dem Zoofachhandel (Starterbakterien) kann man die Anlauf- und Wartezeit auf acht bis zehn Tage verkürzen. Am besten und sichersten ist es immer, vor dem Einsetzen der Fische das Aquarienwasser auf seine Brauchbarkeit hin zu testen.

Sicherheitshalber kann man auch Starterbakterien und etwas eingefahrenen Bodengrund oder gebrauchtes Filtermaterial aus einem gesunden Aquarium in das Becken einbringen. Dieses Material enthält die gewünschten Bakterien für den Stickstoffabbau.

Fischkauf ist Vertrauenssache. Stets auf Gesundheit achten!
(Rasbora heteromorpha)

CHECKLISTE

Auswahl des Erstbesatzes

- Stellen alle Fische die gleichen Temperaturansprüche?

- Fühlen sich alle im gleichen Wasser wohl (Härte, pH-Wert)?

- Fühlen sie sich alle bei der gleichen Wasserbewegung wohl?

- Pflegen Sie Schwarmfische nur im Schwarm.

- Besetzen Sie alle Wasserzonen mit wenigen Arten.

- Achten Sie darauf, daß man manche Fische nur einzeln halten kann.

- Beim Erstbesatz dürfen algenfressende Fische nicht fehlen.

- Friedfische sollten man nie mit ihren Fressfeinden vergesellschaften.

- Die Nahrungsansprüche sollten ebenfalls berücksichtigt werden. In bepflanzte Aquarien keine Pflanzenfresser einsetzen!

- Das Aquarium nie überbesetzen. Als Faustregel gilt: 1 cm Fisch in 1 bis 2 Liter Wasser.

Sorgfältiger Fang, stressfreier Transport und behutsames Einsetzen erleichtern die Eingewöhnung (Trichogaster trichopterus in „normal" und „gold" und T. leeri).

im ersten Moment der allgemeinen Begeisterung interessant aus. Womöglich sieht man sich aber sehr schnell an dem bunten Gewimmel satt und so mancher Ärger stellt sich ein, weil eben nicht alle Fische miteinander harmonieren.
Über 200 Fischarten gehören zum festen Angebot des Zoofachhandels. Man wird Sie im Fachhandel gerne und umfassend beraten. Auch ein Blick in die Fachliteratur lohnt sich immer.

Die Fische einsetzen

Ist die Wahl gut getroffen, so müssen die Fische auf dem schnellsten Wege nach Hause transportiert werden. Dort angelangt, stellt man einen sauberen Eimer (in dem nie Spülmittel waren) und ein Netz bereit. Dann wird der Transportbeutel geöffnet und dem Beutelwasser aus dem Aquarium etwa 1/4 Liter Wasser zugegeben. Anschließend wird der Beutel 15 Minuten in das Aquarium gehängt. Während dieser Zeit gleicht sich die Temperatur des Transportwassers der des Aquarienwassers an. Damit es zu keinem Wasserschock kommt, wird nun die Hälfte des Transportwassers in den bereitgestellten Eimer gegossen und der Beutel mit der gleichen Menge Aquarienwasser aufgefüllt. Nach weiteren 15 Minuten haben sich die Fische an das neue Wassermilieu gewöhnt und werden ohne Transportwasser (über dem Netz leeren) in ihren neuen Lebensraum gesetzt.
BEOBACHTEN Man beobachtet nun die Fische sehr genau, um bei Unregelmäßigkeiten sofort eingreifen zu können. Die Zugabe von Wasserpflegemitteln hilft, den Umsetzstress zu mildern.

Die Auswahl der Fische

Schon vor dem Kauf des Aquariums, spätestens aber vor dem Dekorieren des Beckens, sollte man sich darüber im Klaren sein, welche Fische man pflegen möchte. Eine wahllos durcheinander gewürfelte Fischgesellschaft mit möglichst vielen bunten Arten sieht nur

Glühlichtsalmler
Hemigrammus erythrozonus

GRÖSSE 4,5 cm.

VERBREITUNG Republik Guyana.

BESCHREIBUNG Der Glühlichtsalmler ist ein ruhiger, friedlicher Schwarmfisch, der durch seine leuchtenden Streifen besonders in dicht bepflanzten Becken mit dunklem Bodengrund wirkt. Die Tiere sind gut zu vergesellschaften; sie sollten in Schwärmen mit mindestens sechs Tieren gepflegt werden. Besonders gut passen die Glühlichtsalmler zu Trauermantelsalmlern.

PFLEGE In weichem bis mittelhartem Wasser mit pH-Werten zwischen 6 und 7,5 fühlen sich die Glüchlichtsalmler wohl. Beckenlänge mindestens 60 cm.

TEMPERATUR 22 bis 26 °C.

ERNÄHRUNG Hochwertige Vollnahrung, Frostfutter und gefriergetrocknetes Futter.

Trauermantelsalmler
Gymnocorymbus ternetzi

GRÖSSE 6 cm.

VERBREITUNG Brasilien (Mato Grosso), Bolivien.

BESCHREIBUNG Trauermantelsalmler fallen durch ihre Körperform und die schöne Schwarzfärbung auf. Sie sind beliebte, ruhige Aquarienfische, ausdauernd, relativ einfach zu pflegen, langlebig und können gut mit anderen friedlichen Fischen vergesellschaftet werden. Man pflegt sie in Gruppen von mindestens sechs Tieren. Ein schönes Bild ergeben sie zusammen mit roten Arten, z.B. Schmucksalmer oder Rote von Rio, inmitten dichter Pflanzenbestände.

PFLEGE Trauermantelsalmler pflegt man am besten in gut bepflanzten Aquarien von mindestens 60 cm Länge. Weiches bis mittelhartes Wasser, pH 6-7,5.

TEMPERATUR 22 bis 26 °C.

ERNÄHRUNG Beste Vollnahrung, Frostfutter und gefriergetrocknetes Futter.

Karfunkelsalmler
Hemigrammus pulcher

GRÖSSE 4,5 cm.

VERBREITUNG Westamazonien.

BESCHREIBUNG Der prächtige Karfunkel-salmler fällt im Aquarium mit dichter Rand-bepflanzung, einigen Schwimmpflanzen und Wurzeln durch seine leuchtenden Farben auf. Er braucht freien Schwimm-raum und dunklen Bodengrund. Sein Ver-halten zeigt er nur in Gesellschaft ruhiger Fische. Mindestens 6 Tiere sollten zusam-men gepflegt werden. Karfunkelsalmler können ein recht hohes Alter erreichen.

PFLEGE Weiches bis mittelhartes Wasser, pH 6 bis 7,2 und eine Beckengröße von mindestens 60 cm sind Voraussetzung für die optimale Pflege von Karfunkelsalmlern.

TEMPERATUR 24 bis 28 °C.

ERNÄHRUNG Beste Vollnahrung, Frostfutter und gefriergetrocknetes Futter.

Schlusslichtsalmler
Hemigrammus ocellifer

GRÖSSE 4,5 cm.

VERBREITUNG Amazonien.

BESCHREIBUNG Auch Schlusslichtsalmler sind friedliche Schwarmfische, die in Grup-pen von mindestens sechs Tieren gepflegt werden sollten. Sie fühlen sich in dicht bepflanzten Aquarien mit dunklem Boden-grund besonders wohl. Gut sind sie mit ähnlich ruhigen Fischen zu vergesellschaf-ten. Sie mischen sich beim Schwimmen auch unter andere Fischschwärme.

PFLEGE Weiches bis mittelhartes Wasser und ein pH-Wert von 6 bis 7,5 sind ideale Bedingungen für Schlusslichtsalmler. Das Becken sollte mindestens 60 cm lang sein.

TEMPERATUR 24 bis 28 °C.

ERNÄHRUNG Hochwertige Vollnahrung, Frostfutter und gefriergetrocknetes Futter.

Schmucksalmler
Hyphessobrycon bentosi bentosi

GRÖSSE 5 bis 7 cm.

VERBREITUNG Republik Guyana.

BESCHREIBUNG Schmucksalmler zeigen ihre wunderbare Färbung, wenn sie sich im dicht bepflanzten Becken mit dunklem Boden-grund und ruhiger Gesellschaft wohlfühlen. Ein Schwarm sollte mindestens sechs Tiere umfassen. Je größer der Schwarm, umso wohler scheinen sich die Tiere zu fühlen. Im Gesellschaftsbecken mit Trauermantelsalm-lern und Schwarzen Phantomsalmlern kom-men die Schmucksalmler besonders gut zur Geltung.

PFLEGE Schmucksalmler brauchen weiches bis mittelhartes Wasser, einen pH-Wert von 6 bis 7,5 und geräumige Aquarien von min-destens 80 cm Kantenlänge.

TEMPERATUR 24 bis 28 °C.

ERNÄHRUNG Hochwertige Vollnahrung, Frostfutter und gefriergetrocknetes Futter.

Roter von Rio
Hyphessobrycon flammeus

GRÖSSE 4 cm.

VERBREITUNG Brasilien (Stadtrand von Rio de Janeiro).

BESCHREIBUNG Der beliebte, friedliche Schwarmfisch fühlt sich in gut bepflanzten Becken (Hintergrund, Seiten) mit nicht zu hellem Boden wohl. Gruppen von mindes-tens sechs Tieren sollten es schon sein. Sie lassen sich gut mit anderen ruhigen Fischarten vergesellschaften. Zusammen mit anderen Schwarmfischen wirken sie ganz bezaubernd.

PFLEGE Weiches bis mittelhartes Wasser mit einem pH-Wert von 6 bis 7,5 bietet ideale Bedingungen für die erfolgreiche Pflege die-ses kleinen Salmlers, der sich – in einer kleinen Gruppe – bereits in einem Becken von 50 cm Länge wohl fühlt.

TEMPERATUR 20 bis 26 °C.

ERNÄHRUNG Hochwertige Vollnahrung, Frostfutter und gefriergetrocknetes Futter.

Schwarzer Neon
Hyphessobrycon herbertaxelrodi

GRÖSSE 4 cm.

VERBREITUNG Einzugsgebiet des Amazonas.

BESCHREIBUNG Der Schwarze Neon ist gut geeignet für ein Neonbecken oder zusammen mit anderen ruhigen Fischen zu pflegen. Schwärme ab acht Tieren sind ideal. Sie brauchen dicht bepflanzte Becken mit dunklem Bodengrund. Der kleine Schwarmfisch lebt in der mittleren und oberen Wasserzone und vermittelt – zusammen mit anderen Neonfischen gepflegt – einen Eindruck geheimnisvoller Exotik.

PFLEGE Der Schwarze Neon braucht weiches Wasser mit einem pH-Wert von 6 bis 7,2. Das Aquarium sollte mindestens 60 cm lang sein.

TEMPERATUR 23 bis 27 °C.

ERNÄHRUNG Vollnahrung sowie gefriergetrocknetes Futter.

Zitronensalmler
Hyphessobrycon pulchripinnis

GRÖSSE 5 cm.

VERBREITUNG Mittleres Brasilien.

BESCHREIBUNG Zitronensalmler sind gut für das dicht bepflanzte Gesellschaftsbecken geeignet; Schwärme ab acht Tiere beleben die mittlere Wasserzone, in der ausreichend freier Schwimmraum vorhanden sein sollte. Die zarten Farben der Zitronensalmler kommen nach der Zugabe von Torfextrakt besonders gut zur Geltung.

PFLEGE Zitronensalmler sind in weichem bis mittelhartem Wasser bei pH-Werten von 6 bis 7,5 gut zu pflegen. Das Becken sollte mindestens 60 cm lang sein.

TEMPERATUR 24 bis 26 °C.

ERNÄHRUNG Gutes Markenfutter, Mückenlarven, Hafttabletten (an die Scheibe kleben).

Spitzmaul-Schrägsteher
Nannostomus eques

GRÖSSE ca. 5 cm.
VERBREITUNG Nördliches Südamerika.
BESCHREIBUNG Trotz seiner Tarnfarbe fällt dieser attraktive „Ziersalmler" durch seine mit dem Kopf schräg nach oben gerichtete Schwimmweise recht schnell auf. Hübsch sind auch seine beweglichen Augen, denen auf der Wasseroberfläche nichts entgeht. Man pflegt den Schrägsteher in kleinen Schwärmen von mindestens sechs Tieren.
PFLEGE Spitzmaul-Schrägsteher brauchen weiches bis mittelhartes Wasser (bis 10 °dGH) mit einem pH-Wert von 6 bis 7,2. Das Aquarium sollte mindestens eine Länge von 60 cm aufweisen.
TEMPERATUR 22 bis 28 °C
ERNÄHRUNG Hochwertige Vollnahrung, Oberflächenfutter (kleine Pellets), auch gerne lebende Mückenlarven.

Rotaugen-Moenkhausie
Moenkhausia sanctaefilomenae

GRÖSSE 6,5 cm.
VERBREITUNG Tropisches Südamerika.
BESCHREIBUNG Die Rotaugen-Moenkhausie ist ein gern gepflegter Schwarmfisch (mindestens sechs Tiere) im Gesellschaftsbecken mit guter Randbepflanzung und freiem Schwimmraum. Insbesondere die mittlere Wasserschicht wird genutzt. Rotaugen-Moenkhausien sind schnelle und lebhafte Futterjäger.
PFLEGE Die Schwarmfische benötigen weiches bis mittelhartes Wasser mit einem pH-Wert von 6 bis 7,5. In einem Becken ab 80 cm fühlen sie sich wohl.
TEMPERATUR 22 bis 28 °C.
ERNÄHRUNG Vollnahrung, Frost- und gefriergetrocknetes Futter.

Roter Neon
Paracheirodon axelrodi

GRÖSSE 5 cm.

VERBREITUNG Einzugsgebiet des Rio Negro, Ost-Kolumbien.

BESCHREIBUNG Der Rote Neon ist der Traum eines jeden Aquarianers, obwohl er an die Wasserverhältnisse doch einige Ansprüche stellt, damit er sich wohl fühlt. Am besten wirken die Roten Neon im Schwarm ab 15 Tiere, vergesellschaftet mit anderen friedlichen Kleinfischen. Sie fühlen sich in dicht bepflanzten Aquarien wohl. Rote Neon sind nicht als Erstbesatz geeignet und eher etwas für erfahrene Aquarianer.

PFLEGE Der Rote Neon braucht weiches Wasser (bis 3 °KH) mit einem leicht sauren pH-Wert von 5 bis 6,8. Es empfiehlt sich, das Wasser über Torf zu filtern oder Torfextrakt hineinzugeben. Beim Umsetzen langsam an das neue Milieu gewöhnen! Aquarien ab 80 cm Länge sind geeignet.

TEMPERATUR 24 bis 28 °C.

ERNÄHRUNG Hochwertige Vollnahrung mit natürlichen Farbgebern; gutes Mikrofutter.

Neonsalmler
Paracheirodon innesi

GRÖSSE 4 cm.

VERBREITUNG Kolumbien, Peru, Brasilien (oberer Amazonas); im Handel sind nur Nachzuchten erhältlich.

BESCHREIBUNG Neonsalmler sind farbenprächtige, friedfertige Fische für das gut bepflanzte Gesellschafts- oder Artbecken, die in den unteren und mittleren Wasserzonen leben. Ein Schwarm sollte mindestens zehn Tiere umfassen; weit größere Gruppen wirken aber besonders prächtig.

PFLEGE Neonsalmler brauchen mit Torfextrakt gut aufbereitetes Wasser, weich bis mittelhart, mit einem pH-Wert von 6 bis 7,5. Becken ab einer Länge von 60 cm sind geeignet.

TEMPERATUR 24 bis 28 °C.

ERNÄHRUNG Vollnahrung, Mikrofutter, Tabletten.

Schrägschwimmer
Thayeria boehlkei

GRÖSSE 8 cm.
VERBREITUNG Tropisches Südamerika.
BESCHREIBUNG In jedem Gesellschaftsbecken fallen die Schrägschwimmer durch
die aparte Zeichnung, ihre wippende
Schwimmweise und das muntere Verhalten
sofort auf. Ein Schwarm von mindestens
acht Tieren bevölkert im dicht bepflanzten
Aquarium die mittlere Wasserzone, in der
genügend freier Schwimmraum bleiben
sollte. Schrägschwimmer sind mit Salmlern
ähnlicher Ansprüche gut zu vergesellschaften.
PFLEGE Weiches bis mittelhartes Wasser
und ein pH-Wert von 6 bis 7,5 sind ideal.
Das Aquarium sollte mindestens eine Länge von 80 cm haben.
TEMPERATUR 22 bis 26 °C.
ERNÄHRUNG Vollnahrung, Frostfutter,
gefriergetrocknete Insekten.

Kongosalmler
Phenacogrammus interruptus

GRÖSSE 10 cm.
VERBREITUNG Zaire.
BESCHREIBUNG Herrlich gefärbt sind diese
wenig empfindlichen Schwarmfische. Mit
Friedfischen vergesellschaftet, bevölkern sie
die mittleren und oberen Wasserschichten
des Aquariums. Ausgewachsene Tiere, die
doch zu einer stattlichen Größe heranwach-
sen, vergreifen sich hin und wieder an
Pflanzentrieben. Deshalb sollte das Becken
mit robusten Arten wie *Anubias*, *Crinum* und
Amazonas bepflanzt sein.
PFLEGE Kongosalmler brauchen weiches
Wasser (3 bis 8 °dGH) mit einem pH-Wert
von 6 bis 7,2. Aquarien ab 100 cm Länge
sind geeignet.
TEMPERATUR 24 bis 28 °C.
ERNÄHRUNG Insektennahrung in jeglicher
Form; als Hauptfutter Tabletten (an die
Scheibe kleben).

Schillerbärbling
Brachydanio albolineatus

GRÖSSE 5 cm.

VERBREITUNG Thailand, Malaysia, Mianmar, Sumatra.

BESCHREIBUNG Unübersehbar sind die Schillerbärblinge, wenn das Licht ihre perlmuttfarbenen Flanken trifft und im Wortsinne zum Schillern bringt. Im Schwarm von sechs bis acht Tieren zeigen die Fische ihr lebhaftes Wesen am besten. Sie fühlen sich in einem gut bepflanzten Aquarium wohl, das im mittleren Bereich genügend freien Schwimmraum bietet.

PFLEGE Schillerbärblinge brauchen mittelhartes Wasser mit 5 bis 15 °dGH und einem pH-Wert im neutralen Bereich (von 6,5 bis 7,2). Das Aquarium sollte mindestens eine Länge von 80 cm haben.

TEMPERATUR 22 bis 28 °C.

ERNÄHRUNG Gutes Flockenfutter, Granulatfutter, getrocknete Mückenlarven.

Leopardbärbling
Brachydanio frankei

GRÖSSE 5 cm.

VERBREITUNG Der Leopardbärbling ist eine Zuchtform ohne natürliche Verbreitung.

BESCHREIBUNG Dieser ansprechend gefärbte Schwarmfisch sollte in Gruppen ab acht Tieren gepflegt werden. Er ist ein lebhafter Schwimmer, der die oberen und mittleren Wasserzonen nutzt. Da er leicht zu züchten ist, gehört der Leopardbärbling seit seinem Auftauchen im Zoofachhandel zum Standardsortiment jedes Geschäftes.

PFLEGE Weiches bis mittelhartes Wasser mit einem pH-Wert von 6,5 bis 7,5 ist ideal. Die Aquarienlänge sollte mindestens 60 cm betragen.

TEMPERATUR 22 bis 26 °C.

ERNÄHRUNG Vollnahrung, Frostfutter und gefriergetrocknetes Futter.

▶ Zebrabärbling
Brachydanio rerio

GRÖSSE 5 cm.
VERBREITUNG Indien, Pakistan.
BESCHREIBUNG Seit der Ersteinführung (1905) gehören diese schnellen und lebhaften Schwarmfische (ab acht Stück) zu den beliebtesten und problemlosesten Aquarienfischen, die sich leicht vermehren. Zebrabärblinge bevorzugen den Schwimmraum der oberen Wasserschichten. Ergänzend dazu ist eine Randbepflanzung mit hochwachsenden Arten ideal. Zebrabärblinge sind gut mit anderen Friedfischen zu vergesellschaften.
PFLEGE Zebrabärblinge lieben weiches bis mittelhartes Wasser mit einem pH-Wert von 6 bis 7,5. Aquarien ab einer Länge von 60 cm sind geeignet.
TEMPERATUR 18 bis 26 °C.
ERNÄHRUNG Gute Vollnahrung, Tabletten (an die Scheibe kleben), gefriergetrocknete Insekten.

▶ Siamesische Rüsselbarbe
Crossocheilus siamensis

GRÖSSE 12 bis 14 cm.
VERBREITUNG Thailand.
BESCHREIBUNG Die Siamesische Rüsselbarbe liebt dicht bepflanzte Aquarien mit glatten Steinen und Wurzeln. Sie weidet gerne den Algenbewuchs im Aquarium ab und wird deshalb vielfach als „Putzerfisch" eingesetzt – besonders beim Erstbesatz des Beckens. Mindestens sechs Tiere sollten zusammen im Schwarm leben.
PFLEGE Siamesische Rüsselbarben brauchen bevorzugt weiches, huminsäurehaltiges Wasser mit einem pH-Wert von 6,5 bis 7,5. Das Becken sollte nicht zu klein sein: ab 80 cm ist geeignet.
TEMPERATUR 22 bis 28 °C.
ERNÄHRUNG Zusätzlich zur Algenkost aus dem Becken gibt man Futtertabletten mit hohem Pflanzenanteil.

Malabarbärbling
Danio aequipinnatus

GRÖSSE 8 bis 10 cm.
VERBREITUNG Vorderindien, Sri Lanka.
BESCHREIBUNG Malabarbärblinge beleben im Gesellschaftsaquarium die oberen Wasserzonen. Sie fühlen sich in solchen Becken wohl, die am Rand gut bepflanzt sind und dennoch viel Schwimmraum bieten. Schwärme ab acht Tieren sind ideal. Zur Belebung der oberen Wasserschicht ist dieser lebhafte und auffällig gefärbte Fisch für jedes Gesellschaftsbecken zu empfehlen. Er kann recht alt werden.
PFLEGE Weiches bis mittelhartes Wasser mit einem pH-Wert von 6,5 bis 7,5 bietet ideale Bedingungen für die erfolgreiche Pflege von Malabarbärblingen. Das Aquarium sollte mindesten 100 cm lang sein.
TEMPERATUR 24 bis 28 °C
ERNÄHRUNG Vollnahrung, gefriergetrocknete Insekten, Futterspezialitäten.

Prachtbarbe
Puntius conchonius

GRÖSSE 8 cm, Importtiere bis 10 cm.
VERBREITUNG Vorderindien (Bengalen, Assam).
BESCHREIBUNG Für gut bepflanzte Gesellschaftsaquarien mit freiem Schwimmraum sind die Prachtbarben ideale Bewohner. Im Schwarm ab sechs Tieren sind sie gut mit anderen robusten Fischen zu vergesellschaften. Der muntere und leicht zu pflegende Schwarmfisch liebt gut bepflanzte Aquarien. Er zeigt seine schönen Farben nur bei zusagendem Wasser.
PFLEGE Prachtbarben brauchen weiches bis mittelhartes Wasser mit pH-Werten zwischen 6,5 und 7,5; mit Torfextrakt aufbereiten. Aquarien ab 100 cm Länge sind geeignet.
TEMPERATUR 18 bis 26 °C
ERNÄHRUNG Gutes Markenfutter, Tabletten, Frost- und gefriergetrocknete Nahrung.

Eilandbarbe
Puntius oligolepis

GRÖSSE 5 cm.
VERBREITUNG Indonesien, Sumatra, Padang.
BESCHREIBUNG Für den Liebhaber besonderer Fische sind die Eilandbarben mit ihrem interessanten Verhalten und der aparten Färbung genau richtig. Wenn sie sich wohlfühlen, zeigen die kleinen Schwarmfische (ab sechs Tiere) ihre herrliche Kupferfarbe. Becken mit dunklem Bodengrund und Wurzeln als Deckung bilden den richtigen Lebensraum für die Eilandbarben.
PFLEGE Eilandbarben fühlen sich in weichem bis mittelhartem Wasser bei pH-Werten von 6 bis 7,5 wohl. Sie brauchen ein Aquarium von mindestens 60 cm Länge.
TEMPERATUR 22 bis 26 °C.
ERNÄHRUNG Vollnahrung, gefriergetrocknetes Futter, Tabletten.

Purpurkopfbarbe
Puntius nigrofasciatus

GRÖSSE 7 cm.
VERBREITUNG Sri Lanka.
BESCHREIBUNG Purpurkopfbarben sind wahre Schätze und fühlen sich im Schwarm (ab sieben Tiere) zwischen dichten Wasserpflanzenbeständen und langen Schwimmpflanzenwurzeln am wohlsten. Dunkler Bodengrund ist ideal. Wird das Aquarienwasser über Torf gefiltert und Torfextrakt zugegeben, so zeigen sich bald die herrlichen Farben (rote Köpfe und schwarze Körper). Mit anderen Barben kann man sie gut vergesellschaften.
PFLEGE Geeignet ist weiches bis mittelhartes Wasser bei pH-Werten von 6 bis 7,5. Die Aquarienlänge sollte mindestens 80 cm betragen.
TEMPERATUR 24 bis 26 °C.
ERNÄHRUNG Gutes Markenfutter und Spezialitäten.

Sumatrabarbe
Puntius tetrazona

GRÖSSE 7 cm.

VERBREITUNG Sumatra, Borneo.

BESCHREIBUNG Die Sumatrabarbe hat, bedingt durch ihr auffallend gestreiftes Schuppenkleid, leichte Pflege und Zucht sowie temperamentvolles Wesen schon viele Menschen zu Aquarianern werden lassen. Am besten ist sie mit anderen munteren Barben in dicht bepflanzten Becken zu vergesellschaften, aber nicht mit langflossigen Formen. Im Schwarm ab sechs Tiere fühlen sich die Sumatrabarben wohl. Neben der Nominatform gibt es eine wunderschön moosgrün schillernde Zuchtform mit den gleichen Pflegeansprüchen. Ähnlich sieht die Fünfgürtelbarbe aus, die aber weicheres Wasser mit saurem pH-Wert benötigt.

PFLEGE Sumatrabarben brauchen weiches bis mittelhartes Wasser, pH-Werte von 6,5 bis 7,5 und geräumige Aquarien ab 80 cm Länge.

TEMPERATUR 24 bis 26 °C.

ERNÄHRUNG Die Allesfresser sollten abwechslungsreich gefüttert werden.

Messingbarbe
Puntius semifasciolatus

GRÖSSE 8 cm.

VERBREITUNG Südost-China, Hongkong.

BESCHREIBUNG In gut bepflanzten Gesellschaftsbecken fühlt sich die Messingbarbe wohl. Die Beckenmitte sollte einen genügend großen Schwimmraum bieten, während Hintergrund und Seiten dicht bepflanzt werden. Dafür sind z.B. Vallisnerien, Sagittarien oder *Crinum* mit ihren bandartigen Blättern ideal. Die munteren Schwarmfische (ab sieben Tiere) durchstreifen auf Nahrungssuche ununterbrochen die unteren und mittleren Wasserzonen.

PFLEGE Aquarien ab 80 cm Kantenlänge, weiches bis mittelhartes Wasser und pH-Werte von 6,5 bis 7,5 bilden beste Voraussetzungen für die erfolgreiche Pflege von Messingbarben.

TEMPERATUR 18 bis 26 °C.

ERNÄHRUNG Vollnahrung, Tabletten, Frostfutter, Spezialitäten.

Zweipunktbarbe
Puntius ticto

GRÖSSE 5 bis 8 cm.

VERBREITUNG Sri Lanka, Indien.

BESCHREIBUNG Wie geschaffen für ein Gesellschaftsbecken mit Barben sind diese lebhaften, aber ausgesprochen friedlichen Farbjuwelen. Am wohlsten fühlen sie sich über dunklem Bodengrund und in reich bepflanzten Aquarien mit ausreichend Schwimmraum. Besonders farbenprächtig kann bei zusagenden Wasserverhältnissen die Zuchtform werden, die unter dem Namen Rubin- oder Odessabarbe im Handel ist.

PFLEGE Die Zweipunktbarben brauchen mittelhartes Wasser (6 bis 15 °dGH) mit einem pH-Wert im neutralen Bereich (6,5 bis 7,2). Das Becken sollte eine Mindestlänge von 80 cm aufweisen.

TEMPERATUR 22 bis 26 °C.

ERNÄHRUNG Vollnahrung, Futtertabletten, gefriergetrocknete Insekten, Frostfutter.

Bitterlingsbarbe
Puntius titteya

GRÖSSE 5 cm.

VERBREITUNG Südostchina.

BESCHREIBUNG Bitterlingsbarben fühlen sich in gut bepflanzten Becken mit freiem Schwimmraum und dunklem Bodengrund wohl. Die Schwarmfische sollten in Gruppen von mindesten sechs Tieren gepflegt werden, Männchen und Weibchen im Verhältnis von zwei zu drei. Besonders die männlichen Tiere zeigen ihr prächtiges Rot, wenn sie balzen.

PFLEGE In weichem bis mittelhartem Wasser bei pH-Werten von 6 bis 7,2 fühlen sich die Bitterlingsbarben wohl. Das Aquarium sollte eine Mindestlänge von 60 cm haben.

TEMPERATUR 22 bis 28 °C.

ERNÄHRUNG Vollnahrung, Hafttabletten, Frost- und gefriergetrocknetes Futter.

Keilfleckbarbe
Rasbora heteromorpha

GRÖSSE 4,5 cm.
VERBREITUNG Malaiische Halbinsel, Sumatra.
BESCHREIBUNG Seit 80 Jahren ist die Keilfleckbarbe ein beliebter Schwarmfisch für das Gesellschaftsaquarien mit friedlichen Arten. Mindestens acht Tiere sollten es sein. Dicht bepflanzte Becken mit einigen Schwimmpflanzen (*Ceratopteris*) und genügend Schwimmraum sagen diesen attraktiven Fischen zu. Das gleiche gilt für die ähnliche Art *Rasbora hengeli*, die sich durch die schlankere Figur und einen gestreckten Keil von *R. heteromorpha* unterscheidet.
PFLEGE Das weiche bis mittelharte Wasser mit Torfextrakt aufbereiten; pH-Wert zwischen 6 und 7,2. Geeignet sind Aquarien ab 60 cm Länge.
TEMPERATUR 23 bis 28 °C.
ERNÄHRUNG Vollnahrung, Futtertabletten, gefriergetrocknete Insekten.

Kardinalfisch
Tanichthys albonubes

GRÖSSE 4 cm.
VERBREITUNG China (Kanton).
BESCHREIBUNG Kardinäle sind überaus beliebte Schwarmfische, die in Gruppen ab zehn Tieren gepflegt werden sollten und auch leicht zu züchten sind. Sie beleben die oberen Wasserzonen im Gesellschaftsaquarium, brauchen eine dichte Randbepflanzung und freien Schwimmraum. Hält man mehrere Paare in einem gut bepflanzten Aquarium alleine, so wird man schon nach kurzer Zeit junge Kardinalfische vorfinden.
PFLEGE Die kleinen Kardinalfische brauchen weiches bis mittelhartes Wasser mit pH-Werten zwischen 6,5 und 7,5. Sie sind bereits mit kleineren Aquarien ab 50 cm Kantenlänge zufrieden.
TEMPERATUR 16 bis 25 °C
ERNÄHRUNG Vollnahrung, Mikrofutter, gefriergetrocknete Insekten.

▶ **Blauer Antennenwels**
Ancistrus dolichopterus

GRÖSSE 10 bis 15 cm.
VERBREITUNG Amazonas-Einzugsgebiet.
BESCHREIBUNG Am besten pflegt man von
diesen guten Algenvertilgern ein Paar. Sie
fühlen sich in Aquarien mit Pflanzenwuchs,
glatten Steinen und Wurzelunterständen
sehr wohl. Sind ausreichend Algen im
Aquarium vorhanden, so vergreifen sie sich
nicht an den Wasserpflanzen. Die Art wird
daher oft als Putzerfisch zur Algenprophy-
laxe empfohlen. In der Dämmerung werden
sie richtig aktiv und munter. Harmonieren-
de Paare laichen gerne in Höhen und Spalten ab, wenn das Wasser weich und sauer
ist. Nehmen die Fische durch reichliche
Nachzucht überhand, leiden großblättrige
Pflanzen sichtbar.
PFLEGE Die Blauen Antennenwelse brauchen weiches Wasser mit einem pH-Wert
von 6 bis 7,2. Am wohlsten fühlen sie sich
in Becken ab 80 cm Länge.
TEMPERATUR 22 bis 26 °C.
ERNÄHRUNG Spezial-Futtertabletten mit
hohem Pflanzengehalt.

▶ **Metall-Panzerwels**
Corydoras aeneus

GRÖSSE 6 cm.
VERBREITUNG Trinidad bis La Plata.
BESCHREIBUNG Metall-Panzerwelse sind
ideale Fische für Aquarien-Neulinge, weil
sie gut zu pflegen sind. Zur Belebung der
Bodenzone sind sie bestens geeignet. Wie
alle Panzerwelse benötigen sie feinkörni-
gen, runden Bodengrund ohne scharfe Kan-
ten, damit sie sich beim Gründeln nicht die
Barteln verletzen oder gar abschaben. Man
pflegt Gruppen ab fünf Tieren, und zwar
jeweils zwei Männchen auf drei Weibchen.
PFLEGE Weiches bis mittelhartes Wasser mit
pH-Werten von 6 bis 7,5 ist ideal. Das
Becken sollte mindestens 60 cm lang sein.
TEMPERATUR 20 bis 26 °C.
ERNÄHRUNG Spezielle Futtertabletten für
Welse.

Sichelfleck-Panzerwels
Corydoras hastatus

GRÖSSE ca. 3 cm.

VERBREITUNG Zentralbrasilien bis Paraguay.

BESCHREIBUNG Wer nur Platz für ein kleines Aquarium hat oder für putzige, aber hochinteressante Zwerge schwärmt, für den sind diese lebhaften Panzerwelse ideale Fische. Im Schwarm von sechs bis acht Tieren zeigen sie sich auch tagsüber und tummeln sich im freien Wasser; auf Pflanzenblättern gehen sie auf Nahrungssuche. Es versteht sich von selbst, dass man die Winzlinge nur mit ausgesprochen friedlichen Fischen vergesellschaften darf.

PFLEGE Sichelfleck-Panzerwelse benötigen weiches Wasser mit einer Gesamthärte von 2 bis 8 °dGH und einem pH-Wert zwischen 6 und 7.

TEMPERATUR 20 bis 28 °C.

ERNÄHRUNG Futtertabletten für Welse.

Punktierter Panzerwels
Corydoras paleatus

GRÖSSE 7 cm.

VERBREITUNG La-Plata-Einzugsgebiet.

BESCHREIBUNG Der ideale Panzerwels für den noch nicht so erfahrenen Aquarianer. Panzerwelse können zu „Methusalems" im Aquarium werden. Ihr Pflegeansprüche lassen sich gut erfüllen. Durch ihr munteres Wesen und als gute Futterverwerter danken sie uns unsere Fürsorge. Zusammen mit anderen Panzerwelsen belebt die Art die untere Wasserzone im Gesellschaftsbecken. Gruppen ab fünf Tiere sind ideal (jeweils zwei Männchen auf drei Weibchen).

PFLEGE Punktierte Panzerwelse fühlen sich in weichem bis mittelharten Wasser wohl, bei pH-Werten um 6 bis 7,5. Runder, feinkörniger Bodengrund. Hinsichtlich der Beckengröße sind mindestens 60 cm Länge erforderlich.

TEMPERATUR 18 bis 26 °C.

ERNÄHRUNG Spezielle Futtertabletten für Welse.

Siamesische Saugschmerle
Gyrinocheilus aymonieri

GRÖSSE 25 cm.

VERBREITUNG Hinterindien, Thailand.

BESCHREIBUNG Siamesische Saugschmerlen sind als Jungtiere oft gute Algenfresser und werden oft als ideale „Putzerfische" bezeichnet, was nur bedingt zutrifft. Je älter sie werden, desto mehr steht „normales" Futter auf ihrem Speiseplan. Die Erwachsenen sind zänkisch, daher lieber einzeln halten. Saugschmerlen brauchen hohle Wurzeln und Steine als Unterstand. Zur Vergesellschaftung sind andere große Fische geeignet.

PFLEGE Saugschmerlen werden recht groß und brauchen dementsprechend Platz. 100 cm sollte das Aquarium schon lang sein. Weiches bis mittelhartes Wasser und pH-Werte von 6 bis 7,5 sind zuträglich.

TEMPERATUR 22 bis 28 °C.

ERNÄHRUNG Vollnahrung mit Pflanzenanteil, Futtertabletten.

Ohrgitter-Zwerggharnischwels
Otocinclus affinis

GRÖSSE 3,5 bis 5 cm.

VERBREITUNG Im Amazonaseinzugsgebiet bis zur Mündung.

BESCHREIBUNG Der *Otocinclus* ist ein idealer Algenfresser für gut bepflanzte Becken mit Wurzeln und glatten Steinen. Er lässt sich gut mit friedlichen, ruhigen Fischen vergesellschaften. Gruppen ab fünf Tiere sind ideal. Auch als Erstbesatz sind *Otocinclus* geeignet. In dicht bepflanzten Aquarien mit glatten Kieseln und Wurzeln wirken sie geradezu als Heinzelmännchen.

PFLEGE *Otocinclus* brauchen weiches bis mittelhartes Wasser und einen pH-Wert von 6 bis 7,5. Aquarien ab 50 cm Länge sind für die Winzlinge geeignet.

TEMPERATUR 20 bis 28 °C.

ERNÄHRUNG Vollnahrung mit hohem Pflanzenanteil, Futtertabletten.

Streifenhechtling
Aplocheilus lineatus

GRÖSSE 10 cm.

VERBREITUNG Vorderindien, Sri Lanka.

BESCHREIBUNG Der Streifenhechtling hält sich gerne zwischen Schwimmpflanzen auf und lässt sich leicht züchten. Ein Männchen sollte zusammen mit 2 bis 3 Weibchen gepflegt werden. Streifenhechtlinge sind gut mit gleich großen, ruhigen Fischen zu vergesellschaften. Sie fühlen sich unter Schwimmpflanzen wohl; dort lauern sie nach Hechtart auf Beute. Sie heften ihre Eier gern an die flutenden Wurzeln von Schwimmpflanzen.

PFLEGE Streifenhechtlinge mögen weiches bis mittelhartes Wasser; der pH-Wert sollte bei 6 bis 7,5 liegen. Aquarien ab 80 cm Länge sind geeignet.

TEMPERATUR 22 bis 28 °C.

ERNÄHRUNG Gefriergetrocknete Insekten, schwimmfähige Vollnahrung, kleine Fische.

Gemeiner Hechtling
Aplocheilus panchax

GRÖSSE 7 cm.

VERBREITUNG Sri Lanka, Thailand, Malaysia, Indonesien.

BESCHREIBUNG Gemeine Hechtlinge halten sich gerne unter Schwimmpflanzenwurzeln auf, an die sie auch ihre Eier heften. Ein Männchen wird zusammen mit 2 bis 3 Weibchen gepflegt. Gemeine Streifenhechtlinge lassen sich leicht vermehren. Eine Vergesellschaftung ist mit ruhigen, gleich großen Fischen möglich. Sie fühlen sich in dicht bepflanzten Becken wohl. Schwimmpflanzen werden gerne als Unterstand angenommen.

PFLEGE Auch dieser Hechtling braucht weiches bis mittelhartes Wasser mit einem pH-Wert von 6 bis 7,5. Aquarien ab 60 cm Länge sind geeignet.

TEMPERATUR 20 bis 26 °C

ERNÄHRUNG Schwimmfähige Vollnahrung, gefriergetrocknete Insekten, Jungfische.

Guppy
Poecilia reticulata

GRÖSSE Männchen 4 bis 5 cm, Weibchen 6 cm.

VERBREITUNG Trinidad, Venezuela, nördliches Südamerika.

BESCHREIBUNG Für Anfänger und Jugendliche sind Guppys – wegen ihrer Vermehrungsfreude auch „Millionenfisch" genannt – gut geeignet, da man an ihnen interessante Beobachtungen machen kann (Paarungsverhalten und Geburt). Es gibt vielfältige Zuchtformen, die sogar ausgestellt und bewertet werden. Guppys lassen sich mit ruhigen Fischen vergesellschaften. Man pflegt ein Männchen auf drei Weibchen. Einwandfreies Wasser und viele Pflanzen bilden den idealen Lebensraum.

PFLEGE Guppys brauchen mittelhartes bis hartes Wasser mit einem pH-Wert von 6,5 bis 8. Für einige wenige Fische kann zunächst ein Becken von 40 cm Länge genügen.

TEMPERATUR 23 bis 26 °C.

ERNÄHRUNG Gefriergetrocknete Mückenlarven, Mikrofutter, Vollnahrung, Tabletten.

Zwergkärpfling
Heterandria formaosa

GRÖSSE Männchen 2,5 cm, Weibchen 3 cm.

VERBREITUNG Florida, South-Carolina.

BESCHREIBUNG Der Zwergkärpfling ist ein idealer Anfängerfisch, der bei uns in fast jedem Leitungswasser zu pflegen ist und wenig Probleme bereitet. Am besten ist die Haltung im dicht bepflanzten Artbecken. Man pflegt jeweils ein Männchen auf zwei bis drei Weibchen. Bei guter Pflege lassen sich die Zwergkärpflinge, die lebende Junge zur Welt bringen (vivipar) gut vermehren.

PFLEGE In mittelhartem Wasser bei einem pH-Wert von 6,5 bis 7,5 ist die Pflege kein Problem. Für den Zwerg sind bereits Becken ab 50 cm Länge geeignet.

TEMPERATUR 18 bis 26 °C.

ERNÄHRUNG Feine Vollnahrung, Mikrofutter.

Spitzmaulkärpfling, Black Molly
Poecilia sphenops

GRÖSSE 7 cm.

VERBREITUNG Mittelamerika, Kolumbien.

BESCHREIBUNG Black Mollys sind beliebte Fische für den Erstbesatz. Sie fühlen sich in dicht bepflanzten Becken wohl und weiden sehr gerne die Algen von Wasserpflanzen, Scheiben und Dekorationsmaterial ab. Mit ruhigen Fischen, insbesondere anderen Lebendgebärenden, sind sie gut zu vergesellschaften. Man pflegt ein Männchen auf zwei bis drei Weibchen. Es gibt viele Zuchtformen.

PFLEGE Mittelhartes Wasser mit einem pH-Wert von 6,5 bis 8 ist geeignet. Auf Wasserverschlechterungen reagieren die Black Mollys mit deutlichem Unbehagen (Schaukelbewegungen). Das Aquarium sollte mindestens 60 cm lang sein.

TEMPERATUR 24 bis 28 °C.

ERNÄHRUNG Vollnahrung mit hohem Pflanzenanteil, Futtertabletten.

Schwertträger
Xiphophorus helleri

GRÖSSE 10 bis 12 cm.

VERBREITUNG Mexiko, Mittelamerika.

BESCHREIBUNG Sehr beliebt sind die verschiedenfarbigen Zuchtformen und Farbvarianten der Schwertträger. Durch ihre Friedfertigkeit eignen sie sich besonders für gut bepflanzte Gesellschaftsbecken. Sie gehören, wie alle lebendgebärenden Arten, zu den beliebtesten Aquarienfischen überhaupt. sechs bis zehn Tiere (Männchen und Weibchen im Verhältnis eins zu drei) sind für ein 80-Liter-Becken gerade richtig.

PFLEGE In Becken ab 80 cm fühlen sich die Schwertträger in mittelhartem Wasser bei pH-Werten über 7 wohl.

TEMPERATUR 23 bis 26 °C.

ERNÄHRUNG Tabletten, pflanzliche Hauptnahrung, Futterspezialitä-ten.

Hechtköpfiger Halbschnäbler
Dermogenys pusillus

GRÖSSE 6 bis 7 cm.
VERBREITUNG Südostasien.
BESCHREIBUNG Hechtköfpige Halbschnäbler sind lebendgebärende Fische für
die oberste Wasserschicht. Man pflegt sie in
Gruppen ab 6 Tiere. Gut geeignet sind sie
für Becken mit gleich-großen anderen
Fischen. Einige Schwimmpflanzen struk-
turieren den Lebensraum.
PFLEGE Halbschnäbler brauchen weiches
bis mittelhartes Wasser mit einem pH-Wert
um den Neutralpunkt (zwischen 6,5 und
7,5). Bereits kleinere Becken ab 60 cm Länge sind für die Pflege geeignet.
TEMPERATUR 24 bis 28 °C.
ERNÄHRUNG Granulat, Mückenlarven,
Anflug-Insekten, vitaminisiertes gefriergetrocknetes Futter.

Platy, Spiegelkärpfling
Xiphophorus maculatus

GRÖSSE Männchen 3,5 cm, Weibchen 6 cm.
VERBREITUNG Mittelamerika, Mexiko.
BESCHREIBUNG Mit den beliebten Platys,
die es in vielen Farbvarianten gibt, kann
jeder im Gesellschaftsbecken seine ersten
Erfahrungen mit der gezielten Zierfischzucht machen. Platys verpaaren sich auch
mit Schwertträgern – deshalb muß man sie,
wenn auf reine Arten Wert gelegt wird,
getrennt halten. Man pflegt ein Männchen
auf drei Weibchen. Die Jungfische, die
schon nach kurzer Zeit geboren werden,
müssen alledings vor den immer hungrigen
Mitbewohnern in Sicherheit gebracht werden. Man kann sie sowohl in einem
Ablaichbecken als auch im Jungfischaqua-
rium aufziehen.
PFLEGE Mittelhartes bis hartes Wasser und
pH 6,5 bis 8 bilden ideale Lebensbedingungen für Spiegelkärpflinge. Das Aquarium
sollte mindestens 60 cm lang sein.
TEMPERATUR 23 bis 26 °C.
ERNÄHRUNG Vollnahrung, Tabletten, Mikrofutter.

▶ **Siamesischer Kampffisch**
Betta splendens

GRÖSSE 8 cm.

VERBREITUNG Südostasien.

BESCHREIBUNG Im Zoofachhandel werden meistens die Zuchtformen des sog. „Schleierkampffisches" in vielen Farben angeboten. Aber nicht in jedem Gesellschaftsbecken kann man sie pflegen, denn mit Fischen gleicher Farbe und den Männchen der eigenen Art liegen sie im ununterbrochenen Kampf. Andere zänkische Arten (z.B. Sumatrabarben) machen den Kampffischen das Leben schwer. Daher pflegt man nur ein Männchen — eventuell zusammen mit zwei bis drei Weibchen — im Labyrintherbecken oder zusammen mit friedlichen Fischen.

PFLEGE Alle Labyrinthfische nehmen, zusätzlich zur Kiemenatmung, Luftsauerstoff über ihr Labyrinthorgan auf. Daher unbedingt einen Luftraum von 5 cm zwischen Wasseroberfläche und Abdeckscheibe lassen (Lufttemperatur 18 bis 30 °C). Weiches bis mittelhartes Wasser, pH-Wert 6,5-7,5. Aquarien ab 60 cm Länge.

TEMPERATUR 25 bis 30 °C.

ERNÄHRUNG Gefriergetrocknete Mückenlarven, Frostfutter, Lebendfutter.

▶ **Roter Zwergfadenfisch**
Colisa lalia

GRÖSSE 5 bis 6 cm.

VERBREITUNG Indien, Assam, Bangladesh.

BESCHREIBUNG Die farbenprächtigen Roten Zwergfadenfische fühlen sich in dicht bepflanzten Becken wohl. Sie bauen unter Schwimmpflanzen Schaumnester für ihre zahlreichen Jungfische. Mit ruhigen Fischen vergesellschaften, die nicht an den fadenartig ausgezogenen Bauchflossen knabbern! Es gib mehrere Farbvarianten.

PFLEGE Weiches bis mittelhartes Wasser mit pH-Werten zwischen 6 und 7,5 ist für die erfolgreiche Pflege von Roten Zwergfadenfischen erforderlich. Das Aquarium sollte mindestens eine Länge von 60 cm aufweisen.

TEMPERATUR 25 bis 30 °C.

ERNÄHRUNG Vollnahrung, gefriergetrocknete Insekten, Tabletten.

▶ **Küssender Gurami**
Helostoma temminckii

GRÖSSE Bis 25 cm; Zuchtformen 15 cm.
VERBREITUNG Malaiische Halbinsel,
Sumatra, Borneo.
BESCHREIBUNG Küssende Guramis sind
„Scheibenputzer" im dicht bepflanzten
Aquarium. Am besten im Gesellschaftsbecken mit ruhigen, robusten Fischen und
hartlaubigen Pflanzen ein bis zwei Paare
pflegen. Ihren Namen tragen die Küssenden Guramis, weil sie Maul an Maul schie-
bend die Rangordnung austragen.
PFLEGE Die großen Küssenden Guramis
brauchen Platz zum Schwimmen; daher
sollte das Aquarium mindestens 120 cm
lang sein. Zuträgliches Wasser ist weich bis
mittelhart und hat einen pH-Wert von 6,5
bis 7,5.
TEMPERATUR 24 bis 30 °C.
ERNÄHRUNG Große Vollnahrung, Futtertabletten.

▶ **Paradiesfisch**
Macropodus opercularis

GRÖSSE 10 cm.
VERBREITUNG Ostchina.
BESCHREIBUNG Diese Art gehört dank ihrer
Farbenpracht und einfachen Pflege schon
seit über 100 Jahren zu den beliebtesten
Aquarienfischen überhaupt. Man sollte sie
nur mit gleichgroßen robusten Fischen vergesellschaften und pflegt ein Männchen auf
zwei bis drei Weibchen. Paradiesfische sind
leicht zu vermehren; sie bauen Schaumnester. Einige Schwimmpflanzen bieten den
Fischen Deckung und Halt für das Schaumnest.
PFLEGE Paradiesfische können in Aquarien
ab 80 cm Länge gepflegt werden. Die erfor-
derlichen Wasserwerte: weich bis mittelhart,
pH-Wert 6 bis 8.
TEMPERATUR 18 bis 28 °C.
ERNÄHRUNG Mückenlarven, farbgebendes
Markenfutter.

Mosaikfadenfisch
Trichogaster leeri

GRÖSSE 10 bis 15 cm.

VERBREITUNG Malaysia, Sumatra, Borneo, Thailand.

BESCHREIBUNG Dieser wohl schönste Labyrinthfisch wird im dicht bepflanzten Gesellschaftsbecken zusammen mit anderen ruhigen Fischen oder im Artenbecken gepflegt. Einige Schwimmpflanzen (*Ceratopteris*) vermitteln den Mosaikfadenfischen Sicherheit und dienen als Halt für das oft faustgroße Schaumnest. Man pflegt sie als kleine Gruppe mit jeweils einem Männchen auf zwei Weibchen.

PFLEGE Das weiche bis mittelharte Wasser wird über Torf gefiltert oder mit Torfextrakt aufbereitet; pH-Wert 6,5 bis 7,5; Aquarienlänge ab 120 cm.

TEMPERATUR 25 bis 29 °C.

ERNÄHRUNG Hauptfutter, Futtertabletten, Frostfutter, gefriergetrocknete Insekten.

Blauer Fadenfisch
Trichogaster trichopterus

GRÖSSE 15 cm.

VERBREITUNG Südostasien.

BESCHREIBUNG Blaue Fadenfische sind für dicht bepflanzte Gesellschaftsbecken mit friedlichen Fischen oder ein Artenbecken gut geeignet. Einige Schwimmpflanzen dienen als Stütze für das Schaumnest. Auch hier vergesellschaftet man ein Männchen mit zwei Weibchen.

PFLEGE Weiches bis mittelhartes Wasser mit einem pH-Wert von 6,5 bis 7,5 bietet ideale Bedingungen für die Pflege in einem Becken, das mindestens 100 cm lang sein sollte. Wie bei allen Labyrinthfischen auf genügend Abstand zwischen Wasseroberfläche und Deckscheibe achten!

TEMPERATUR 25 bis 29 °C.

ERNÄHRUNG Hauptfutter, Tabletten, Frostfutter, gefriergetrocknete Insekten.

Knurrender Zwerggurami
Trichopsis pumila

GRÖSSE 4 cm.

VERBREITUNG Thailand, Laos, Kambodscha.

BESCHREIBUNG Diese reizenden Zwergfadenfische werden in dicht bepflanzten
Aquarien mit Wurzelholz und Höhlen
gepflegt und können dort auch ablaichen.
Sie fühlen sich in gut aufbereitetem Wasser
wohl und können mit gleich großen Arten
vergesellschaftet werden. Interessant sind
die hörbaren Knurrlaute, die die Männchen
beim Imponieren von sich geben. Man
pflegt ein Männchen auf zwei Weibchen.

PFLEGE Die Knurrenden Zwergguramis
brauchen weiches bis mittelhartes Wasser
mit einem pH-Wert von 6 bis 7,5.

TEMPERATUR 24 bis 28 °C.

ERNÄHRUNG Kleines Granulat, Flockenfutter, gefriergetrocknete Insekten und kleines
Lebendfutter.

Afrikanischer Schmetterlings-
buntbarsch
Anomalochromis thomasi

GRÖSSE 8 bis 10 cm.

VERBREITUNG Westliches Afrika.

BESCHREIBUNG Für gut bepflanzte Becken
mit Wurzeln und einigen glatten Steinen
sind diese interessanten Kleinbarsche gut
geeignet. Sie lassen sich leicht pflegen und
wirken, wenn sie sich wohl fühlen, wie mit
Brillanten übersät. Man kann ein bis zwei
Paare mit friedlichen Fischen vergesellschaften. Die Zucht ist möglich.

PFLEGE Schmetterlingsbuntbarsche brauchen weiches bis mittelhartes Wasser mit
einem pH-Wert von 6 bis 7,5. Das Aquarium
sollte mindestens eine Länge von 80 cm
haben.

TEMPERATUR 24 bis 28 °C.

ERNÄHRUNG Vollnahrung, Frostfutter,
gefriergetrocknete Insekten.

Agassiz' Zwergbuntbarsch
Apistogramma agassizii

GRÖSSE 8 cm.

VERBREITUNG Oberes und mittleres Amazonasgebiet.

BESCHREIBUNG Diese Zwergbuntbarsche sind äußerst beliebt und begehrt. Sie eignen sich für gut bepflanzte Becken mit Steinspalten und Wurzelholz. Ein bis zwei Paare kann man mit friedlichen Fischen vergesellschaften und sogar züchten. Es gibt einige Farbvarianten. Bestes Wasser und abwechslungsreiches Futter ist bei allen Zwergbuntbarschen die Voraussetzung für ihr Wohlbefinden und die erfolgreiche Nachzucht.

PFLEGE Diese Zwergbuntbarsche brauchen weiches bis mittelhartes Wasser, das mit einem pH-Wert von 5,5 bis 7,2 eher leicht sauer ist. Eine Beckenlänge von mindestens 80 cm sollte zur Verfügung stehen.

TEMPERATUR 24 bis 28 °C.

ERNÄHRUNG Vitaminisiertes Frostfutter, Lebendfutter.

Maroni-Buntbarsch (Schlüssellochbuntbarsch)
Cleithacara maronii

GRÖSSE 12 cm.

VERBREITUNG Guyana-Länder.

BESCHREIBUNG Ein Paar dieser friedlichen Barsche eignet sich fürs gut bepflanzte Gesellschaftsbecken mit ruhigen Fischen. Maroni-Buntbarsche wirken durch ihr ruhiges Wesen, die aparte Zeichnung und honigbraune Färbung. Stein- und Wurzelverstecke vervollständigen den Lebensraum. Wenn die Maroni-Buntbarschen das Wasser zusagt, ist eine erfolgreiche Nachzucht nicht ausgeschlossen.

PFLEGE Weiches bis mittelhartes Wasser mit einem pH-Wert von 6 bis 7,5 ist geeignet. Das Aquarium sollte mindestens eine Länge von 100 cm haben.

TEMPERATUR 24 bis 28 °C.

ERNÄHRUNG Vollnahrung, Frostfutter, gefriergetrocknete Insekten.

Gelber Schlankcichlide
Julidochromis ornatus

GRÖSSE 8 cm.
VERBREITUNG Tanganjikasee.
BESCHREIBUNG Am besten pflegt man eine
Gruppe Gelber Schlankcichliden in einem
Aquarium mit Steinaufbauten voller Löcher
und Spalten, bandartigen Pflanzen und
Sand (Körnung 1–2 mm). Die Zucht ist
möglich.
PFLEGE Hartes Wasser mit einem pH-Wert
von 7,5 bis 8,5 sowie eine Aquariengröße ab
60 cm ist geeignet.
TEMPERATUR 24 bis 27 °C.
ERNÄHRUNG Vollnahrung, gefriergetrock-
netes Futter, Tabletten.

Tüpfelbuntbarsch
Laetacara curviceps

GRÖSSE 8 cm.
VERBREITUNG Einzugsgebiet des
Amazonas.
BESCHREIBUNG Der Tüpfelbuntbarsch
braucht dicht bepflanzte Aquarien mit
Steinen und Wurzeln. Mit friedlichen
Fischen der mittleren und oberen Wasserzonen ist er ausgesprochen gut zu vergesellschaften. Man pflegt ein bis zwei Paare,
die für interessante Beobachtungsmöglich-
keiten sorgen.
PFLEGE Auch diese Art benötigt weiches
bis mittelhartes Wasser mit einem pH-Wert
von 6 bis 7,5. Die relativ kleinen Buntbarsche fühlen sich schon in einem Becken ab
60 cm Kantenlänge wohl.
TEMPERATUR 22 bis 26 °C.
ERNÄHRUNG Vollnahrung, Frostfutter,
Lebendfutter.

Kobaltorangebarsch
Melanochromis johanni

GRÖSSE 10 bis 12 cm.

VERBREITUNG Malawisee.

BESCHREIBUNG Der Maulbrüter benötigt eine Beckeneinrichtung wie die vorgenannte Art und lässt sich mit anderen, gleich-großen Malawisee-Cichliden vergesell-schaften. Man pflegt ein Männchen (ko-baltblau) zusammen mit zwei Weibchen (gelb).

PFLEGE Hartes Wasser mit einem pH-Wert von 7,5 bis 8,5 ist ideal. Das Aquarium sollte allermindestens 100 cm Länge haben – je größer, umso besser.

TEMPERATUR 24 bis 28 °C.

ERNÄHRUNG Trockenfutter mit hohem Pflanzenanteil, Tabletten.

Türkisgoldbarsch
Melanochromis auratus

GRÖSSE 12 cm.

VERBREITUNG Malawisee.

BESCHREIBUNG Die Männchen des Türkis-goldbarsches sind blauschwarz mit hellen, die Weibchen gelb mit schwarzen Streifen. Ein Becken mit vielen Verstecken (Felsauf-bauten mit Löchern und Spalten), robuster Randbepflanzung und Sandboden (Kies 1–2 mm) bietet ideale Bedingungen. Am besten pflegt man ein Männchen und drei Weibchen dieser Maulbrüter, vergesell-schaftet mit anderen Malawisee-Cichliden.

PFLEGE Das harte Wasser muss stets gut gefiltert und aufbereitet werden, damit die Türkisgoldbarsche sich wohl fühlen; pH-Wert 7,5 bis 8,5; Aquarienlänge ab 100 cm, besser länger.

TEMPERATUR 24 bis 28 °C.

ERNÄHRUNG Futter mit hohem Pflanzenan-teil, Futtertabletten.

Gestreifter Zwergbuntbarsch
Nannacara anomala

GRÖSSE 9 cm.

VERBREITUNG Guyana.

BESCHREIBUNG Wenn diese Zwergbuntbarsche in dicht bepflanzten Becken mit Steinen und Wurzeln ablaichen, betreibt das Weibchen interessante Brutpflege. Man sollte ein Paar pflegen und mit ruhigen Fischen der oberen Wasserzone vergesellschaften.

PFLEGE Die Gestreiften Zwergbuntbarsche mögen mittelhartes bis hartes Wasser mit einem pH-Wert von 6 bis 7,5. Becken ab 60 cm Länge sind geeignet.

TEMPERATUR 24 bis 28 °C.

ERNÄHRUNG Vollnahrung, Tabletten, vitaminisiertes Frostfutter.

Schmetterlingsbuntbarsch
Microgeophagus ramirezi

GRÖSSE 6 cm.

VERBREITUNG Kolumbien, Venezuela.

BESCHREIBUNG Diese wunderschönen und äußerst interessanten Zwergbuntbarsche kann man gut im Gesellschaftsaquarium pflegen – mit friedlichen Fischen der oberen und mittleren Wasserzone. Dicht bepflanzt und mit Wurzeln und Versteckmöglichkeiten eingerichtet sollte das Aquarium sein, damit sich die Tiere wohlfühlen. Bei zusagenden Wasserverhältnissen kann auch mit Nachwuchs gerechnet werden (Schmetterlingsbuntbarsche sind Offenbrüter).

PFLEGE Das Wasser wird über Torf gefiltert oder mit Torfextrakt aufbereitet, sollte weich sein und einen pH-Wert von 5 bis 7 haben. Nachzuchten aus Südostasien benötigen mittelhartes Wasser, pH 7,5.

TEMPERATUR 24 bis 30 °C.

ERNÄHRUNG Vitaminisiertes Frostfutter, Lebendfutter, Mückenlarven, Vollnahrung.

Tanganjika Goldcichlide
Neolamprologus leleupi

GRÖSSE 8 cm.

VERBREITUNG Tanganjikasee.

BESCHREIBUNG Tanganjika Goldcichliden benötigen die gleiche Beckeneinrichtung wie die beiden zuvor beschriebenen Arten. Man pflegt sie in kleinen Gruppen von vier bis sechs Tieren.

PFLEGE Die Goldcichliden fühlen sich in hartem Wasser bei recht hohen pH-Werten von 7,5 bis 8,5 wohl. Zu ihrer Pflege sind Aquarien ab 80 cm Länge geeignet.

TEMPERATUR 24 bis 27 °C.

ERNÄHRUNG Vollnahrung, gefriergetrocknetes Futter, Tabletten.

Prinzessin von Burundi
Neolamprologus brichardi

GRÖSSE 8 cm.

VERBREITUNG Tanganjikasee.

BESCHREIBUNG Das Aquarium sollte so eingerichtet sein wie bei der vorigen Art beschrieben; zusätzlich etwas mehr Sandfläche als Bodengrund. Man pflegt Gruppen von vier bis sechs Tieren.

PFLEGE Aquarienlänge ab 80 cm; hartes Wasser, pH-Wert zwischen 7,5 und 8,5 cm.

TEMPERATUR 24 bis 27 °C.

ERNÄHRUNG Vollnahrung, gefriergetrocknetes Futter, Tabletten.

Zwergmaulbrüter
Pseudocrenilabrus multicolor

GRÖSSE 8 cm.
VERBREITUNG Nordostafrika bis Tansania.
BESCHREIBUNG Zwergmaulbrüter fühlen
sich in einem dicht bepflanzten Becken mit
friedlichen Mitbewohnern am wohlsten.
Man pflegt ein Männchen und zwei Weibchen. Interessante Fortpflanzung.
PFLEGE Mittelhartes bis hartes Wasser mit
pH-Werten von 7 bis 8 brauchen die Zwergmaulbrüter. Sie fühlen sich bereits in kleineren Aquarien ab 60 cm Länge wohl.
TEMPERATUR 23 bis 27 °C.
ERNÄHRUNG Vollnahrung, Frostfutter,
gefriergetrocknetes Futter.

Purpurprachtbarsch
Pelvicachromis pulcher

GRÖSSE 8 bis 10 cm.
VERBREITUNG Westafrika.
BESCHREIBUNG Ideal für das Gesell-
schaftsaquarium. Ein Pärchen Purpur-
prachtbarsche benötigt im dicht bepflanz-
ten Aquarium mit Versteckmöglichkeiten
(Steine, Wurzeln) ein Revier von 60 cm
Länge.
PFLEGE Das weiche bis mittelharte Wasser
sollte über Torf gefiltert werden; pH-Wert
6 bis 7,5; Aquarienlänge ab 80 cm.
TEMPERATUR 24 bis 28 °C.
ERNÄHRUNG Frostfutter, Tabletten, Speziali-
täten.

Feuermaulbuntbarsch
Thorichthys meeki

GRÖSSE 12 bis 15 cm.
VERBREITUNG Mittelamerika.
BESCHREIBUNG Der Feuermaulbuntbarsch bevorzugt Aquarien mit runden Steinen, Wurzelholz und dichter Randbepflanzung. Eine Vergesellschaftung mit anderen Barschen und größeren Arten ist möglich. Aus einer Gruppe von vier bis sechs Tieren findet sich ein Paar.
PFLEGE Feuermaulbuntbarsche bevorzugen mittelhartes bis hartes Wasser mit leicht alkalischem pH-Wert (7 bis 8). Aquarien ab 100 cm Länge sind geeignet.
TEMPERATUR 22 bis 28 °C.
ERNÄHRUNG Kräftige Futterbrocken, Mückenlarven, Futtertabletten.

Segelflosser, Skalar
Pterophyllum scalare

GRÖSSE 15 bis 25 cm.
VERBREITUNG Amazonasbecken.
BESCHREIBUNG Der „König" der Aquarienfische. In hinten und seitlich gut bepflanzten Becken mit mittelgroßen, ruhigen Fischen vergesellschaften (kleine werden gefressen). Man pflegt kleine Gruppen von fünf bis sechs Tieren. Es gibt mehrere Zuchtformen (Schwarz, Golden, Marmor, Rauch, Schleier).
PFLEGE Weiches bis mittelhartes, über Torf gefiltertes Wasser mit einem pH-Wert von 5 bis 7,5 verwenden. Skalare brauchen geräumige und vor allen Dingen hohe Becken, die eine Mindestlänge von 100 cm haben sollten.
TEMPERATUR 24 bis 28 °C.
ERNÄHRUNG Vitaminisiertes Frostfutter, Mückenlarven, gutes Markenfutter.

▸ **Aquarienfische gesund ernähren**
98–100

▸ **Lebendfutter**
101–103

▸ **Fütterungspraxis**
104–105

Futterspaß in Tablettenform bringt uns die Fische näher
(Poecilia reticulata).

Die Gesundheit, die Lebensdauer, das Aussehen, v.a. die Farbigkeit und die Laichfähigkeit der Fische hängen von der Qualität ihrer Nahrung ab. In der Natur überleben nur die stärksten und gesündesten Tiere.

Futter wie in der Natur

Welches Futterangebot in den Heimatgewässern den Fischen zur Verfügung steht, ist stark abhängig vom Ökosystem, dem Wetter, der Jahreszeit und anderen Umwelteinflüssen. Diese mannigfachen und dauernd wechselnden Faktoren bedingen ein vielfältiges, umfangreiches Nahrungsangebot, aber auch Hungerzeiten mit einhergehender Einseitigkeit der Nahrung.

VERANTWORTUNG In mühevoller Laborarbeit ist es Wissenschaftlern gelungen, für Zierfische eine Nahrung zu entwickeln, welche durch ihre ausgewogene Zusammensetzung und fischgerechte Darreichungsform der natürlichen Nahrung sogar in ihrer Wertigkeit überlegen ist. Neben der gleichbleibenden

Ein optimales Nahrungsspektrum lässt die Farben natürlich strahlen.

Qualität hat diese Nahrung den Vorteil, immer verfügbar zu sein. Dies ist wichtig, denn für die Bewohner der Lebensräume aus zweiter Hand, wie sie Aquarien und Gartenteiche darstellen, übernimmt der Mensch die Auswahl und die Darreichung der Nahrung, somit auch die volle Verantwortung für das Leben der Pfleglinge.

Qualität der Nahrung

Zierfischfutter, ob in Flocken-, Granulat- oder Tablettenform, ist von Marke zu Marke nicht immer gleich. Die Qualität des Futters richtet sich nach den enthaltenen Nährstoffen (sie müssen alle voll verdaulich sein), den lebensnotwendigen Vitaminen, Spurenelementen und Ballaststoffen (Rohfaser). In der Gesamtheit ist dies für die Lebensdauer, das Wachstum, die Gesundheit sowie das Aussehen und auch für die Nachzucht aller Aquarienfische von entscheidender Bedeutung

Fertigfutter

Gutes Zierfischfutter muss, wenn es als Vollnahrung gelten soll, nahrhaft, gesund und sättigend sein. Es darf keine pathogenen Keime, Schadstoffe und Schädlinge enthalten.

Zusammensetzung

Die Zusammensetzung entscheidet über die Wertigkeit des Futters. Besonders wichtig ist die richtige und gleichbleibende Menge der Eiweißstoffe (Proteine), Kohlenhydrate (Zucker, Stärke), Fette, Vitamine, Mineralstoffe und Spurenelemente sowie der Ballaststoffe (Rohfaser). Die Wertigkeit der Eiweißträger hängt von der Zusammensetzung ihrer Aminosäuren ab. Nur wenn die verwendeten Rohstoffe bei der Lagerung und Verarbeitung fachgerecht behandelt werden, bleibt ihre Qualität bis zur Verfütterung voll erhalten. Bei Marken-Zierfischfutter unterliegen die Rohstoffe sorgfältigen chemischen und biologischen Qualitätskontrollen.

Kleine Fische bevorzugen kleines Futter.

Richtige Darreichungsform

Die Fische sind grundsätzlich in der Lage, verschiedene Futtersorten geschmacklich und auch von der Konsistenz (Zusammensetzung) her zu unterscheiden. Gutes Futter wird gierig gefressen, weil es fischgerecht schmeckt.

SCHWIMMEN SCHWEBEN SINKEN Ideales Futter für Aquarienfische schwimmt lange genug obenauf, um auch die Oberflächenfische satt werden zu lassen. Es schwebt lange genug, um Fische der mittleren Zonen zu sättigen.

Es sinkt mit der richtigen Geschwindigkeit im kompakten Zustand und kann von Bodenfischen noch voll aufgenommen werden. Durch die richtige Ballaststoffmenge in der Nahrung ist die gesunde Verdauung gesichert.

NICHT TRÜBEND Hochwertiges Fischfutter trübt das Wasser nicht, denn die natürlichen Rohstoffe sind fein vermahlen und alle Inhaltsstoffe sind so verarbeitet, dass das Eiweiß nicht mehr trüben kann. Vom Wasser werden die Nährstoffe beim Verfüttern nicht herausgelöst. Die Spezialverpackung garantiert gleichbleibende Qualität und Frische bis zum letzten Rest.

Jagdbares Futter

Wenn auch 95 % aller im Handel angebotenen Zierfische mit industriell gefertigtem Futter und Futterspezialitäten hervorragend ernährt werden können, so gibt es doch auch Arten, welche nur durch den Bewegungsreiz der Beute zur Nahrungsaufnahme angeregt werden können. Raubfische wie Barschartige, Hechte und ausgesprochene Beutegreifer wie Piranhas benötigen Lebendfutter. Großfische nehmen wiederum gerne kleine Futterfische (aus Futterfischzuchten) als Nahrung an. Auch Regenwürmer (Anglerwürmer) und Mehlwürmer werden von den „Großen" gerne gefressen.

Futtertiere

Bachröhrenwürmer (Tubifex)

Beliebt sind bei den Aquarianern die Bachröhrenwürmer (Tubifex), welche vom Zoofachhandel immer seltener lebend angeboten werden. Diese Tubifexwürmer stammen aus stark verschlammten und z.T. verschmutzten Gewässern. Deshalb empfiehlt es sich, die Würmchen vor dem Verfüttern einige Tage unter fließendem Wasser zu spülen. Nicht alle Fischarten können die Tubifexwürmer gut verdauen. Als Zwischendurchgabe werden sie aber trotz der genannten Nachteile verfüttert.

GEWÄSSERBELASTUNG Leider eignen sich die natürlichen Gewässer unserer Heimat kaum mehr zur Entnahme von Lebendfutter. Der Verschmutzungsgrad und die Anreicherung mit Schwermetallen machen das Futter aus solchen Gewässern zum Risiko. Intakte Gewässer sind meist von Anglern gepachtet und dienen der Nutzfischhaltung. Es ist nicht zu empfehlen, Bachflohkrebse aus Gewässern zu entnehmen, in welchem sich Nutzfische befinden, denn Gammarusparasiten (sogenannte Schrätzer) treten bei diesen Tieren häufig auf.

Wasserflöhe und Mückenlarven

Die früher so beliebten Wasserflöhe sind schon recht selten geworden, ebenso die Larven der nicht stechenden Büschelmücken. Rote Mückenlarven kann man öfters im Zoofachhandel erhalten, aber auch diese stammen aus verunreinigten Gewässern und müssen vor dem Verfüttern erst gespült werden. Schwarze Mückenlarven hingegen stellen nicht nur eine gute Nahrung dar, sondern stehen beinahe jedem Tümpler und Gartenbesitzer im Frühjahr und den ganzen Sommer hindurch zur Verfügung. Man sollte aber darauf achten, dass nicht zu viele dieser Larven und Puppen auf einmal angeboten werden, damit keine übrigbleiben, die sich sehr schnell zu Stechmücken entwickeln können.

Aus der Natur entnommenes Futter bringt aber immer die Gefahr mit sich, dass man Karpfenläuse, Fischegel, Ektoparasiten oder Hydra (Süßwasserpolypen) in das Aquarium einschleppt.

Enchyträen und Grindalwürmchen

Enchyträen und Grindalwürmchen können bei größeren Arten und heiklen Pfleglingen zu guten Ergebnissen führen. Leider bringt die Zucht dieser Würmchen in der Wohnung manche Probleme mit sich. Auch sollte man davon nicht zuviel verfüttern, denn die Fische verfetten bei diesem üppigen Nahrungsangebot sehr leicht.

Tiefgefrorenes Futter

Tiefgefrorene Futtertiere müssen vor dem Verfüttern aufgetaut, gespült und vitaminisiert werden (Vitaminpräparate aus dem Zoofachhandel). Verschiedene Mückenlarven, Wasserflöhe und Bachflohkrebse werden im Zoofachhandel tiefgefroren angeboten.

Oberflächenfische lieben Anflugnahrung oder Futter, das lange schwimmt (Nannostomus eques).

Salinenkrebse

Für den Züchter unentbehrlich sind die selbst züchtbaren *Artemia salina*. Dies ist ein Kleinkrebs, aus dessen Dauereiern im Mischwasser (Artemia-Salz verwenden) kleinste Larven (Nauplien) schlüpfen. Viele Jungfische sind nur mit diesem feinsten Plankton aus der Natur über die ersten Lebenstage zu bringen. Aber auch hier gilt: Nie zuviel Lebendfutter in das Aquarium gegen, denn Lebendfutter aus kaltem Wasser stirbt im Warmwasseraquarium sehr schnell ab und verschlechtert die Wasserqualität.

Wann, wie, wie oft?

Ca. 95 % aller Aquarienfische können mit Fertigfutter gefüttert und gesund erhalten werden. Um die Fische aber artgerecht zu ernähren, sollte man doch einiges beachten. Fische lieben es, bei der Fütterung nach einzelnen Happen zu jagen. Deshalb gibt es unterschiedlich sinkendes Futter und auch unterschiedliche „Happengrößen".
Um den Beutetrieb der Fische rege und die Reflexe normal zu erhalten, empfiehlt sich nicht nur Abwechslung in der Darreichung, sondern auch, das Futter an verschiedenen Stellen des Aquariums anzubieten.

Fütterungsrhythmus

Eine Überfütterung wird vermieden, wenn man mehrmals täglich kleinere Mengen verabreicht. Jeweils nur so viel Futter geben, wie innerhalb weniger Minuten gefressen wird! Die Zeit, wann gefüttert wird, spielt dabei eine untergeordnete Rolle. Man kann auch einmal am Tag, z.B. am Feierabend, mehrmals hintereinander füttern.
Eine Stunde vor dem Ausschalten der Aquarienbeleuchtung wird nichts mehr gegeben. Dämmerungs- und nachtaktive Fische sind davon ausgenommen: Diese Arten können auch nach dem Verlöschen der normalen Beleuchtung noch versorgt werden. Das indirekte Licht aus dem Wohnzimmer genügt ihnen völlig, um sich gierig über die Futtertabletten herzumachen.

Futter für Bodenfische

Überhaupt bringen die kompakten Futtertabletten „Leben" in die Gesellschaft auch der tagaktiven Bodenfische. Die Tabletten sinken sofort ab und stehen daher den Fischen der

Klar zu sehen: Saugwelse brauchen Aufwuchsnahrung (Ancistrus dolichopterus).

unteren Regionen voll zur Verfügung. Es macht Spaß zuzusehen, wie sich Welse, Barben und Salmler der unteren Wasserzonen freudig auf diese Nahrung stürzen und an ihr herumknabbern. Dies gilt auch für Tabletten, die man an die Scheibe klebt.

Gönnen Sie sich immer die Zeit, um die Fütterung zu einem Erlebnis für Sie und die Fische zu machen. Beobachten Sie die Nahrungsaufnahme und das interessante Verhalten jedes einzelnen Fisches. Sie erhalten durch die gezielte Fütterung nicht nur einen guten Einblick in das unterschiedliche Beuteverhalten Ihrer Pfleglinge, sondern lernen die Abläufe und Vorgänge in Ihrem Aquarium auch besser verstehen.

INFO

Futter für Jungfische

Die meisten Jungfische nehmen Spezialjungfischfutter („Mikro") mit hohem Eiweißgehalt sehr gerne und gedeihen dabei prächtig. Heikle Arten ernährt man mit den Nauplien von *Artemia salina* oder Teichplankton (das sind Räder- und Pantoffeltierchen, Larven von Daphnien und *Cyclops*). Dieses „Staubfutter" ist, jahreszeitlich bedingt, nicht immer in genügender Menge vorhanden. Deshalb ist die Zucht von *Artemia salina* ein guter Ausweg aus dem Engpass.

▶ **Gesund wie ein Fisch
im Wasser**
108–110

▶ **Häufige Fischkrankheiten**
111–113

▶ **Solutionfinder:
Schnelle Hilfe bei
Fischkrankheiten**
114–115

Vorbeugen ist besser

Einige Faktoren tragen entscheidend dazu
bei, dass Ihre Pfleglinge „gesund wie ein
Fisch im Wasser" sind. Dies beginnt beim
Kauf von augenscheinlich gesunden Fischen
und ihrem behutsamen Einsetzen ins
Aquarium. Zudem sollten alle gepflegten
Fischarten die gleichen Ansprüche an die
Wasserverhältnisse im vorgesehenen Aquarium stellen, die Wasserwerte stimmen und
genügend Pflanzen für einen ausreichenden
Sauerstoffgehalt sorgen. Gute Filterung und
eine artgerechte Ernährung tragen ebenfalls
dazu bei, dass die Fische bei guter Konstitu-
tion und somit weniger anfällig für Krankheiten und Parasiten sind. Ein Überbesatz
an Fischen kann dagegen schaden.

Quarantäne

Wenn man zu gesunden Beständen neue
Fische hinzukauft, ist es ratsam, diese vor
dem Einsetzen für drei Wochen in einem
Quarantänebecken zu pflegen. Einige
Wochen vor einem geplanten Urlaub setzt
man sicherheitshalber keine neuen Fische
mehr ein.

Wenn Fische krank sind

Mögliche Krankheiten und schnelle Abhilfe
dagegen sind im Solutionfinder auf Seite
114/115 im Überblick dargestellt. Bei der Diagnose wird Ihnen Ihr Zoofachhändler gerne
behilflich sein.
Sie können sich auch an spezialisierte Tier-
ärzte wenden; Adressen von Fischuntersu-
chungsstellen und Fischgesundheitsdienste
finden Sie im Anhang auf S. 119.

CHECKLISTE

Gesunde Fische

- schwimmen munter umher,
- haben klare Augen,
- fressen mit Appetit,
- haben unverletzte Flossen und keine eingefallenen Bäuche,
- haben anliegende Kiemen
- atmen mit beiden Kiemen,
- haben keine Flecken, Pünktchen, Beläge oder verpilzte Stellen auf Haut oder Flossen,
- schnappen nicht an der Wasseroberfläche nach Luft,
- haben keinen fädigen Kot.

Vorsorgen ist besser als heilen: die Fische nach dem Einsetzen sorgfältig beobachten, um sofort reagieren zu können (Xiphophorus helleri).

Wer Welse pflegt, braucht runde Kiesel, damit die empfindlichen Barteln nicht verletzt werden (Corydoras sterbai).

Voraussetzungen für gute Behandlungschancen

Die Behandlung kranker Fische gelingt umso
besser, wenn Sie die folgenden zehn Punkte
beachten:

1 Unbedingt zuerst eine exakte Diagnose
 stellen.

2 Vor der Behandlung 1/3 des Wassers
 wechseln.

3 Die Wassertemperatur muss während der
 Behandlung nicht erhöht werden.

4 Apfel- und Tellerschnecken vor der
 Behandlung entfernen (in separatem
 Aquarium unterbringen, bis das Medika-
 ment nach der Behandlung wieder ausge-
 filtert ist).

5 Heilmittel aus dem Zoofachhandel oder
 vom Tierarzt genau nach Gebrauchsanweisung anwenden.

6 Die wichtgsten Wasserwerte messen
 (Sauerstoff, pH, KH, Nitrit) und für optimale Wasserwerte sorgen.

7 Verschmutzte Filtermassen zur Hälfte
 gegen neue austauschen und den Filter
 weiterlaufen lassen.

8 Nicht über Kohle, Austauscher oder Oxi-
 dationsmittel filtern.

9 Behandlung durch hochwertiges Futter
 unterstützen.

10 Nach erfolgreicher Behandlung einen
 Teilwasserwechsel durchführen und für
 3–4 Tage über gute Aquarienkohle filtern;
 anschließend wieder das herkömmliche
 Filtermaterial verwenden. Dann Starterbakterien einbringen.

fallen ab, umgeben sich mit einer Gallerthülle (Cyste) und teilen sich (Zellteilung) in bis zu ca. 750 Einzelindividuen. Dauer bei 25–27 °C ca. 12–15 Stunden.

3. STADIUM Nach dem Platzen der Cystenhülle befinden sich die bewimperten Schwärmer (jetzt Infektionsstadium) auf der Suche nach einem neuen Wirt. Nur in diesem Stadium können die Parasiten durch ein gutes Mittel aus dem Zoofachhandel abgetötet werden.

BEHANDLUNG Eine Therapie mit speziellen Heilmitteln gegen Ichthyo aus dem Zoofachhandel muss so lange erfolgen, bis die Fische gänzlich von den Pünktchen befreit sind. Der Erreger kann auch optisch nicht sichtbar übertragen werden: Einzelne Parasiten können im Darm, unter großen Schuppen und in den Kiemen schmarotzen. Wird nach dem Sichtbarwerden der Pünktchen nicht behandelt, ist der Fisch nicht zu retten. Bedenklich und antiquiert ist es, den Parasiten mit einer Temperaturerhöhung oder Kochsalz behandeln zu wollen!

Ichthyo

SYMPTOME Der Ektoparasit *Ichthyophthirius multifiliis* befällt bevorzugt geschwächte Tiere. Erste typische Anzeichen sind neben den weißen Pünktchen (0,2 bis 1 mm) auf Körper und Flossen Flossenklemmen, Scheuern an Gegenständen, Apathie und Appetitlosigkeit bis zur Abmagerung. Der Parasit durchläuft drei Stadien:

1. STADIUM Das Hautstadium: Der Parasit wächst unter der Fischhaut zum reifen Parasiten heran. Dauer bei 25–27 °C Wassertemperatur ca. 3–4 Tage.

2. STADIUM Das Substrat- oder Bodenstadium: Die in der Haut herangereiften Parasiten

Samtkrankheit

SYMPTOME Samtartig-graue Beläge auf der Fischhaut (ähnlich *Ichthyophthirius*, nur kleiner) werden von *Oodinium pillularis* hervorgerufen. Die Fische scheuern sich, magern ab, Haut und Flossen lösen sich auf. Bei Kiemenbefall schnappen die Fische an der Oberfläche stark nach Luft oder stehen heftig atmend im Ausströmerbereich.

VERWECHSLUNGSGEFAHR Diese Samtkrankheit kann leicht mit Ichthyo verwechselt werden. Der Werdegang der Parasiten ist ähnlich, lediglich vermehren sich die Panzergeißeltierchen nicht so zahlreich. Die Heilmittelanwendung erfolgt wie bei Ichthyo.

Ektoparasiten

SYMPTOME Ektoparasiten wie *Costia necatrix* (Geißeltierchen, Flagellat), *Chilodonella cyprini* (Ciliat, Wimperntierchen), *Trichodina*, *Trichodinella* (Ciliaten) oder *Tetrahymena* verursachen graue, flächige Infektionsstellen an Fischhaut und Flossen. Die Fische scheuern sich, winden sich, sind träge, Haut und Flossen lösen sich ab.

BEHANDLUNG Mit Heilmitteln aus dem Zoofachhandel können Ektoparasiten hervorragend bekämpft werden.

Verpilzungen

ERREGER Sie entstehen, wenn sich Wunden und Hautrisse an Maul oder Flossen mit *Saprolegnia*-Pilzen infizieren.

BEHANDLUNG Mit einem Heilmittel gegen Pilze können die Infektionen gut bekämpft werden. Es muss aber die Ursache der Wunden ebenfalls ermittelt werden.

URSACHEN Bei Maulschäden ist eine Verletzung durch einen anderen Fisch nicht auszuschließen. Wunden und Verpilzungen am Maul sind aber häufig die Folge von falschem

Die Ansprüche der Fische und Pflanzen passen hier offensichtlich gut zusammen.

Bodengrund, z.B. scharfkantigem Gestein (Lava). Die Fische verletzen sich bei der Nahrungssuche, und sofort siedeln sich Pilze in den Wunden an. Hautschäden können sowohl durch mechanische Verletzungen auftreten als auch durch schlechte Wasserverhältnisse.

Flossenfäule

Das gleiche gilt auch für die sogenannte Flossenfäule; sie ist immer ein Zeichen für ein gestörtes Wassermilieu. Ursachen abstellen und behandeln! Pilze der Gattung *Saprolegnia* und *Achlya* sind typische Schwächeparasiten und befallen vorwiegend geschwächte Tiere.

SYMPTOM	URSACHE	MASSNAHME
Weiße Pünktchen von 0,2-1 mm Größe auf Körper und Flossen	Ichthyophthirius multifiliis	Heilmittel aus dem Zoofachhande Gebrauchsanweisung genau beachtenl
Samtartig-graue Beläge auf der Haut, Fische scheuern sich, magern ab	Samtkrankheit Oodinium pillularis	Heilmittel aus dem Zoofachhandel Gebrauchsanweisung genau beachten
Graue, flächige Infektstellen an Haut und Flossen, Fische scheuern sich, Haut und Flossen lösen sich ab	Ektoparasiten: Costia necatrix, Chilodonella cyprini, Trichodina, Trichodinella, Tetrahymena	Heilmittel aus dem Zoofachhandel Gebrauchsanweisung genau beachten
Verpilzte Stellen an Maul und Flossen	Saprolegnia-Pilze infizieren bevorzugt Wunden und Hautrisse	Heilmittel aus dem Zoofachhandel Gebrauchsanweisung genau beachten
		scharfkantige Gegenstände (Lavagestein, falscher Bodengrund) aus dem Aquarium entfernen
		Wasserwerte überprüfen und optimieren
Fische sterben ohne äußerlich erkennbaren Schaden	Vergiftung (Chlor, Schwermetalle, Ammoniak, Nitrit)	Wasserwerte überprüfen und korrigieren
	Hexamita-Befall bei Barschen und Barschartigen ("Lochkrankheit")	Heilmittel aus dem Zoofachhandel Gebrauchsanweisung genau beachten
Fische scheuern sich, klemmen die Flossen, winden sich, magern ab	Ektoparasiten Hautsaugwürmer	Heilmittel aus dem Zoofachhandel Gebrauchsanweisung genau beachten
	Wasserschäden	Wasserwechsel

SYMPTOM	URSACHE	MASSNAHME
Fische schwimmen an der Oberflächen, atmen sehr schnell	Sauerstoffmangel	Sauerstofftabletten als erste Hilfe für Wasserbewegung sorgen Schmutz und belastende Stoffe entfernen Fischbesatz prüfen (zu viele Fische?)
	CO_2-Vergiftung	CO_2-Menge kontrollieren (Dauertest)
Labyrinthfische taumeln	Sauerstoffmangel	Wasserstand überprüfen ausreichender Abstand zwischen Wasserspiegel und Abdeckscheibe
Fische atmen schnell, schwimmen dicht unter der Oberfläche, springen, Kiemen auffallen stark gerötet	Sauerstoffmangel	stark durchlüften Sauerstofftabletten Temperatur und Gerätefunktionen prüfen
	Chlorvergiftung	Frischwasserzusatz durchlüften
	Laugenschaden (pH über 8,5)	Wasserwechsel Zugabe von Torfextrakt Torffilterung
	Säureschaden (pH unter 5,5)	Teilwasserwechsel mit gepuffertem Wasser über Korallensand oder Marmorsplitt filtern
	Ammoniak- oder Nitritvergiftung	Wasser bis pH 6,7 ansäuern pH- und kH-Werte überprüfen
	Vergiftung durch z.B. Insektenspray, Pflanzenschutzmittel	Teilwasserwechsel mit Frischwasser Kohlefilter starke Durchlüftung
Glotzaugenbildung	schlechte Wasserverhältnisse	Nitrat, pH und Leitfähigkeit überprüfen Teilwasserwechsel vornehmen

▶ **Impressum**
   118

▶ **Zum Weiterlesen**
   119

▶ **Adressen**
   119

▶ **Internet**
   119

▶ **Register**
   120—122

IMPRESSUM

Bildnachweis

Farbfotos von Peter Beck (17: S. 6/7, 8, 11, 19, 23, 29, 36/37, 38, 39, 40, 48 m, 54 u, 58, 59, 83 l, 98, 100); Dupla/Michael Prasuhn (1: S. 34 u); Frank Hecker (36: S. 4/5, 14/15, 30/31, 32, 34 o, 43, 46 m, 47 alle 3, 49 alle 3, 50 m, 51 alle 3, 52/53 alle 6, 54 o+m, 55 beide, 62/63, 67 l, 78 r, 79 r, 80 l, 84 l, 93 l, 110, 111/112); Burkard Kahl (64: S. 12, 18, 20, 24, 26, 56/57, 61, 64/65 alle 4, 66 beide, 67 r, 68 bis 77 alle 20, 78 l, 80 r, 81 beide, 82 beide, 83 r, 85 beide, 86 beide, 87 l, 88 beide, 89 l, 90 beide, 91 l, 92 beide, 93 r, 94/95 alle 4, 103, 105, 106/107, 109, 116/117); Christel Kasselmann (5: S. 46 o+u, 48 u, 50 o+u); Klaus Paysan (1: S. 84 r); Reinhard Tierfoto (3: S. 87 r, 96/97, 99); Dr. F. Sauer/Frank Hecker (1: S. 48 o) ; Erwin Schraml (3: S. 79 l, 89 r, 91 r)

Alle Angaben in diesem Buch erfolgen nach bestem Wissen und Gewissen. Sorgfalt bei der Umsetzung ist indes dennoch geboten. Verlag und Autor übernehmen keinerlei Haftung für Personen-, Sach- oder Vermögensschäden, die aus der Anwendung der vorgestellten Materialien und Methoden entstehen können.

Informationen senden wir Ihnen gerne zu

Bücher · Kalender · Spiele Experimentierkästen · CDs · Videos Seminare

Natur · Garten & Zimmerpflanzen · Heimtiere · Pferde & Reiten · Astronomie · Angeln & Jagd · Eisenbahn & Nutzfahrzeuge · Kinder & Jugend

KOSMOS

Postfach 10 60 11
D-70049 Stuttgart
TELEFON +49 (0)711-2191-0
FAX +49 (0)711-2191-422
WEB www.kosmos.de
E-MAIL info@kosmos.de

Impressum

Umschlaggestaltung von eStudio Calamar unter Verwendung von vier Farbaufnahmen von Burkhard Kahl (großes und oberes kleines Motiv U1) und Frank Hecker (unteres kleines Motiv U1 und U4).

Mit 132 Farbfotos

Die Deutsche Bibliothek – CIP-Einheitsaufnahme

Ein Titelsatz für diese Publikation ist bei der Deutschen Bibliothek erhältlich.

Gedruckt auf chlorfrei gebleichtem Papier

©2001, Franckh-Kosmos Verlags-GmbH & Co., Stuttgart
Alle Rechte vorbehalten
ISBN 3-440-08897-9
Redaktion: Claudia Sträb
Lektorat: Angela Beck
Gestaltungskonzept: eStudio Calamar
Gestaltung und Satz: Guido Schlaich
Produktion: Kirsten Raue, Markus Schärtlein
Printed in Czech Republic / Imprimé en République tchéque
Druck und Binden: Tesinska Tiskarna, a.s., Cesky Tesin

ZUM WEITERLESEN

Beck, Peter und Gerhard Brünner: Neue Wasserpflanzenpraxis. Melle 1990.

Beck, Peter: Aquarienpflanzen Grundkurs – Auswahl und Pflege; 78 Arten im Porträt. Stuttgart 2000.

Beck, Peter: Aquarium Grundkurs. Stuttgart 1998.

Dreyer, Stephan und Rainer Keppler: Das Kosmos-Buch der Aquaristik – Fische, Pflanzen, Wassertechnik. Stuttgart 1993.

Kahl, Wally und Burkard und Dieter Vogt: Kosmos-Atlas Aquarienfische – Über 750 Süßwasser-Arten. Stuttgart 1997.

Kasselmann, Christel: Pflanzenaquarien gestalten – Wege zum Erfolg; planen, pflanzen, pflegen; 100 Arten im Überblick. Stuttgart 2001.

Kölle, Dr. med. vet. Petra: Fischkrankheiten. Stuttgart 2001.

Mayland, Hans J. und Dieter Bork: Salmler. Stuttgart 2000.

Mayland, Hans J.: Diskus. Stuttgart 2000.

Osche, Claus: Lebendgebärende. Stuttgart 2001.

Romig, Thomas: Aquarienfische – bestimmen und pflegen. Stuttgart 1993.

Schubert, Gottfried und Dieter Untergasser: Krankheiten der Fische – vorbeugen, erkennen, heilen. Stuttgart 1994.

Ullrich, Martin: Buntbarsche. Stuttgart 2000.

Untergasser, Dieter: Krankheiten der Aquarienfische – Diagnose und Behandlung. Stuttgart 1989.

Vierke, Jörg: Die beliebtesten Zierfische. Stuttgart 1992.

Vierke, Jörg: Labyrinthfische. Stuttgart 2001.

ADRESSEN

Untersuchungsstellen für Fische und Institute von Universitäten

Tierärztliche Hochschule Hannover
Fachgebiet Fischkrankheiten/
Abt. Prof. Körting
Bünteweg 17
30559 Hannover

Institut für Zoologie, Fischereibiologie und Fischkrankheiten der Tierärztlichen Fakultät der Ludwig-Maximilians-Universität München
Kaulbachstr. 37
80539 München

Niedergelassene Fachtierärzte/Fachtierärztinnen für Fische

Adressen von Fachtierärzten/Fachtierärztinnen, können bei den jeweiligen Landestierärztekammern oder über die Infoline beim Verlag erfragt werden.

Fischgesundheitsdienste und andere Institutionen

Landesuntersuchungsamt für das Gesundheits- und Veterinärwesen Sachsen
Jägerstr. 10,
D-01099 Dresden

Fischgesundheitsdienst am Staatlichen Veterinär- und Lebensmitteluntersuchungsamt
Schlachthofstr. 18,
D-03044 Cottbus

Staatlicher Fischseuchenbekämpfungsdienst und Fischgesundheitsdienst
Eintrachtweg 17,
D-30559 Hannover

Fischgesundheitsdienst am Staatlichen Veterinäruntersuchungsamt Mittelhessen
Marburger Str. 54
D-35396 Gießen

Fischgesundheitsdienst am Landesveterinäruntersuchungsamt Rheinland-Pfalz
Blücherstr. 34
D-56073 Koblenz

Fischgesundheitsdienst an der Landesanstalt für Fischerei Nordrhein-Westfalen
Heinsberger Str. 53
D-57399 Kirchhundem-Albaum

Fischgesundheitsdienst am Veterinär- und Lebensmitteluntersuchungsamt
Tennstedter Str.
D-99947 Bad Langensalza

INTERNET

www.aqualink.de

www.aquanet.de

www.aquarium-bbs.de

www.vda-online.de

www.fischklinik.de

Afrikanischer Schmetterlingsbuntbarsch 88
Agassiz' Zwergbuntbarsch 89
alkalisch 33
Amazonas-Schwertpflanze 50
Ammoniak 30
Ammonium 30
Ancistrus dolichopterus 78
Anomalochromis thomasi 88
Anubias barteri var. anugstifolia 46
Anubias barteri var. nana 46
Apistogramma agassizii 89
Aplocheilus lineatus 81
Aplocheilus panchax 81
Aponogeton crispus 46
Aquarienkohle 25
Aquarienpflanzen 38
Aquarientypen 6
Aquarium einfahren 60
Argentinische Wasserpest 51
Artemia salina 102
Aufgabe der Pflanzen 39
Ausströmerstein 26
Auswahl der Fische 62

Bachröhrenwürmer 101
Bacopa caroliniana 47
Basisdüngung 41
Becken 7
Beckets Wasserkelch 49
Behandlung 110
Behandlungschancen 110
Beleuchtung 39
Beleuchtungsdauer 40
Beratung 6
Betta splendens 85
biologische Filterung 24
Biotop 12
Bitterlingsbarbe 76
Black Molly 83
Blauer Antennenwels 78
Blauer Fadenfisch 87
Blei 34
Blütenstilloser Sumpffreund 53
Bodenbelastung 9
Bodenfische 104
Bodengrund 12, 43

Bodensteckthermometer 20
Bolbitis heudelotii 47
Brachydanio albolineatus 71
Brachydanio frankei 71
Brachydanio rerio 72
Brackwasseraquarium 6
Brasilianische Graspflanze 52
Brasilianischer Wassernabel 51
Breitblättriges Pfeilkraut 54
Buntbarsche 88

Cabomba caroliniana 47
Ceratophyllum demersum 48
Ceratopteris thalictroides 48
chemische Filtermassen 24
Chilodonella cyprini 112
Cleithacara maronii 89
CO_2-Dauertest 33
Colisa lalia 85
Corydoras aeneus 78
Corydoras hastatus 79
Corydoras paleatus 79
Costia necatrix 112
Crossocheilus siamensis 72
Cryptocoryne affinis 48
Cryptocoryne bekettii 49
Cryptocoryne undulata 49
Cryptocoryne wendtii 49
Cryptocoryne willisii 50

Danio aequipinnatus 73
Darreichungsform 100
Dekoration 12
Dermogenys pusillus 84
Düngung 41
Durchlüften 26

Echinodorus amazonicus 50
Echinodorus parviflorus 50
Egeria densa 51
Eilandbarbe 74
Einfahren 60
Einrichtung 10
Einsetzen 63
Eisen (Fe) 34
Ektoparasiten 112
Enchyträen 102

Ernährung 98
Erstbepflanzung 43
Erstfüllung 14

Fertigfutter 99
Feuermaulbuntbarsch 95
Filter 21
Filter reinigen 24
Filtergröße 22
Filtermassen 23
Filterung 21
Filtervolumen 22
Filterwatte 23
Fische auswählen 63
Fische einsetzen 63
Fischkrankheiten 114
Flockenfutter 99
Flossenfäule 113
Fotorückwand 10
Frostfutter 102
Futter für Bodenfische 104
Futter für Jungfische 105
Futtereigenschaften 100
Futtertablette 99
Futtertiere 101
Fütterung 98
Fütterungspraxis 104
Fütterungsrhythmus 104
Futterzusammensetzung 99

Gelber Schlankcichlide 90
Gemeiner Hechtling 81
Gemeines Hornblatt 48
Gesamthärte (GH) 31
Gesamthärtestufen 30
Gestein 12
Gestreifter Zwergbuntbarsch 93
Gesunde Fische 109
Gesundheit 108
Gewellter Wasserkelch 49
Glühbirne 38
Glühlichtsalmler 64
Granulatfutter 99
Grindalwürmchen 102
Guppy 82
Gymnocorymbus ternetzi 64
Gyrinocheilus aymonieri 80

Haertels Wasserkelch 48
Hechtköpfiger Halbschnäbler 84
Heizkabel 19
Heizleistung 18
Heizstab 18
Heizung 18
Helostoma temminickii 86
Hemigrammus erythrozonus 64
Hemigrammus ocellifer 65
Hemigrammus pulcher 65
Herkunftsländer 58
Heterandria formosa 82
Heudelots Flussfarn 47
Holz 11
Hydrocotyle leucocephala 51
Hygrophila corymbosa 51
Hygrophila difformis 52
Hygrophila polysperma 52
Hyphessobrycon bentosi bentosi 67
Hyphessobrycon flammeus 66
Hyphessobrycon herbertaxelrodi 67
Hyphessobrycon pulchripinnis 67

Ichthyo 111
Ichthyophthirius multifiliis 111
Indischer Wasserfreund 52
Indischer Wasserfreund 52

Javafarn 53
Javamoos 55
Julidochromis ornatus 90
Jungfische 105

Kalttonlampe 39
Kaltwasseraquarium 6
Karbonathärte (KH) 32
Kardinalfisch 77
Karfunkelsalmler 65
Karolina-Fettblatt 47
Karolina-Haarnixe 47
Karpfenfische 71
Keilfleckbarbe 77
Killifische 81
Kleiner Wasserkelch 50
Kleines Flutendes Pfeilkraut 54
Kobaltorangebarsch 91
Kohlendioxid 43

Kongosalmler 70
Korkrinde 12
Korkrückwand 10
Krause Wasserähre 46
Kreiselpumpen 25
Kupfer 34
Knurrender Zwerggurami 88
Küssender Gurami 86

Laetacara curviceps 90
Lampen 39
Lebendfutter 101
Lebendgebärende 82
Lebensraum 6
Leopardbärbling 71
Leuchtstofflampen 39
Lichtfarben 39
Lichtfarben 39
Lilaeopsis brasiliensis 52
Limnophila sessiliflora 53

Macropodus opercularis 86
Malabarbärbling 73
Maroni-Buntbarsch 89
Maße 7
mechanische Filterung 23
Meerwasseraquarium 6
Melanochromis auratus 91
Melanochromis johanni 91
Messingbarbe 75
Messreagenzien 33
Metall-Panzerwels 78
Mexikanisches Eichblatt 54
Microgeophagus ramirezi 92
Microsorum pteropus 53
Mietrecht 8
Moenkhausia sanctaefilomenae 68
Mooreiche 12
Mosaikfadenfisch 87
Motorfilter 22
Mückenlarven 101

Nachzuchten 58
Nahrungsqualität 99
Nannacara anomala 93
Nannostomus eques 68
Neolamprologus brichardi 92

Neolmaprologus leleupi 93
Neonsalmler 69
Nitrat (NO_3) 31
Nitrit (NO_2) 30

Offene Aquariuen 41
Ohrgitter-Zwergharnischwels 80
Oodinium pillularis 111
Otocinclus affinis 80

Paracheirodon axelrodi 69
Paracheirodon innesi 69
Paradiesfisch 86
Parasiten 111
Pelviachromis pulcher 94
Pflanzen 38
Pflanzen einsetzen 42
Pflanzenpflege 41
Pflanzenprobleme 44
Phenacogrammus interruptus 70
pH-Wert 33
Pilze 112
Planung 6
Platy 84
Poecilia reticulata 82
Poecilia sphenops 83
Prachtbarbe 73
Prinzessin von Burundi 92
Pseudocrenilabrus mutlicolor 94
Pterophyllum scalare 95
Punktierter Panzerwels 79
Puntius conchonius 73
Puntius nigrofasciatus 74
Puntius oligolepis 74
Puntius semifasciolatus 75
Puntius tetrazona 75
Puntius ticto 76
Puntius titteya 76
Purpurbrachtbarsch 94
Purpurkopfbarbe 74

Quarantäne 108

Rasbora heteromorpha 77
Raumteiler 11
Regelheizer 18
Riesenwasserfreund 51

REGISTER

Röhrenwechsel 40
Rotala rotundifolia 53
Rotaugen-Moenkhausie 68
Roter Neon 69
Roter von Rio 66
Roter Zwergfadenfisch 85
Rückwand 10
Rundblättrige Rotala 53

Sagittaria platyphylla 54
Sagittaria subulata 54
Salinenkrebse 102
Salmler 64
Samtkrankheit 111
sauer 33
Sauerstoff 20
Sauerstoffmangel 22
Säurebindungskapazität (SBK) 32
Schaumstoff-Innenfilter 22
Schillerbärbling 71
Schlüssellochbuntbarsch 89
Schlusslichtsalmler 65
Schmetterlingsbuntbarsch 92
Schmucksalmler 66
Schrägschwimmer 70
Schwarze Amazonas 50
Schwarzer Neon 67
Schwermetalle 34
Schwertträger 83
Schwimmthermometer 20
Segelflosser, Skalar 95
Shinnersia rivularis 54
Siamesische Rüsselbarbe 72
Siamesische Saugschmerle 80
Siamesischer Kampffisch 85
Sichelfleck-Panzerwels 79
Spiegelkärpfling 84
Spitzmaulkärpfling 83
Spitzmaul-Schrägsteher 68
Standort 9

Start 13
Starterbakterien 25
Starterbakterien 60
Staubfutter 105
Stein 11
Streifenhechtling 81
Stromanschluss 10
Sumatrabarbe 75
Sumatrafarn 48
Sumpfschraube 55

Tablettenfutter 99
Tanganjika Goldcichlide 93
Tanichthys albonubes 77
Technik 15
Temperatur 18
Temperatur 20
Thayeria boehlkei 70
Thermofilter 19
Thermometer 20
Thorichthys meeki 95
Tiefgefrorenes Futter 102
Torf 25
Trauermantelsalmler 64
Trichodina 112
Trichodinella 112
Trichogaster leeri 87
Trichogaster trichopterus 87
Trichopsis pumila 88
Tubifex 101
Tüfpelbuntbarsch 90
Türkisgoldbarsch 91

Unterlage 10

Vallisneria spiralis 55
Verhalten 12
Verpilzung 112
Vesicularia dubyana 55
Vorbeugung 108

Wärmeisolierung 11
Warmtonlampe 40
Warmwasseraquarium 6
Wasser 18
Wasser einfüllen 14
Wasseraufbereitung 34
Wasserflöhe 101
Wasserhärte 31
Wasserpflanzen 38
Wasserprobleme 27
Wassertemperatur 18
Wasserwechsel 15, 43
Wasserwerte 29
Wasserwerte korrigieren 35
Wasserwerte messen 33
Wattstärke 18
Welse 78
Wendts Wasserkelch 49
Wildfänge 58
Wurzeln 12

Xiphophorus helleri 83
Xiphophorus maculatus 84

Zebrabärbling 72
Zitronensalmler 67
Zweipunktbarbe 76
Zwerganubias 46
Zwerganubias 46
Zwergkärpfling 82
Zwergmaulbrüter 94
Zwergspeerblatt 46

KOSMOS

Praxiswissen Aquaristik

Der Ratgeber der neuen Generation

▶ Porträts
die beliebtesten Arten
kennen lernen

▶ Schritt für Schritt
vom leeren Becken zur
Wasserwelt hinter Glas

▶ Exklusiv
der Kosmos-Solution
Finder: Lösungen auf
einen Blick

Aufschlagen und Eintauchen

Jeder Band mit

124 Seiten
ca. 150 Farbfotos
Illustrationen
Checklisten
Tabellen
gebunden

Die Reihe wird
fortgesetzt

Hans J. Mayland
Diskus
ISBN 3-440-08217-2

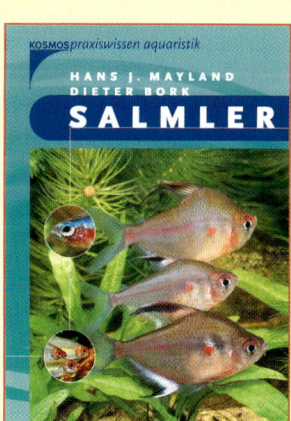

Mayland/Bork
Salmler
ISBN 3-440-08216-4

Martin Ullrich
Buntbarsche
ISBN 3-440-08218-0

Lutz Gohr
Meerwasseraquaristik
ISBN 3-440-08250-4

www.kosmos.de

KOSMOS

Praxiswissen Aquaristik

Die Faszination Aquaristik zum Greifen nah

▶ Praxisnah und kompetent
für Einsteiger
und Fortgeschrittene

▶ Porträts der schönsten
Fische und Pflanzen

▶ Weitere Bände aus der
Erfolgsreihe

Aufschlagen und Eintauchen

Jeder Band mit

124 Seiten
ca. 150 Farbfotos
Illustrationen
Checklisten
Tabellen
gebunden

Die Reihe wird
fortgesetzt.

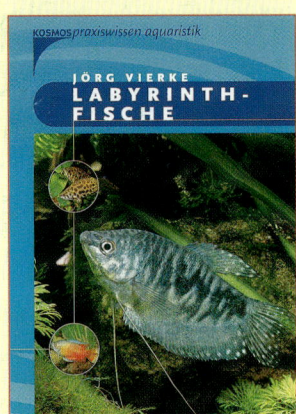

Jörg Vierke
Labyrinthfische
ISBN 3-440-08248-2

Petra Kölle
Fischkrankheiten
ISBN 3-440-08249-0

Claus Osche
Lebendgebärende
ISBN 3-440-08898-7

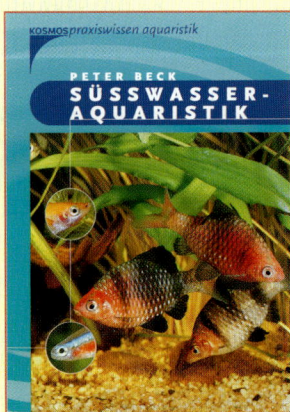

Peter Beck
Süßwasseraquaristik
ISBN 3-440-08897-9

www.kosmos.de